The Legal Theory of Cryptocurrency Fraud

코인 사기죄의 법이론

사기죄와 불공정거래죄의
구조적 불법차이

이상돈

法 文 社

This Monograph is dedicated
to the project of modernity in criminal law,
to Professor Dr. Winfried Hassemer,
my guide to the liberal criminal law policy,
and to Professor Dr. Jürgen Habermas,
the philosophical foundation for my discourse theory of law.

Sangdon Yi

차 례

Introduction

코인 불공정거래행위, 사기죄의 불법을 갖고 있을까?

오늘날 코인시장은 적은 자산으로 큰 부를 일구는 기회의 땅으로 인식된다. 2013년 암호화폐거래소 코빗이 설립된 후 빗썸, 업비트, 코인원 등 거래소가 지속적으로 생겼고, 2016년 비트코인의 가격 폭등을 계기로 더욱 많은 투자자들이 코인시장에 유입되었으며, 이후 메이저 거래소 중심으로 코인시장이 급성장하였다. 현재 우리나라는 세계 주요 암호화폐거래 국가가 되었다. 코인시장의 성장에 따라 시장사기적인 코인거래도 많아졌다. 이에 대응하기 위해 2021. 11. 28. 코인투자자 보호의 기반을 마련하는 특정금융정보법이 시행되었고, 2024. 7. 19.에는 자본시장법상 불공정거래죄를 단편적으로 모델링한 가상자산이용자보호법(이하 약칭: 가상자산보호법)이 시행되었다. 이 법이 시행된 이후 코인 불공정거래행위는 형사처벌할 수 있게 되었지만, 그 시행일 이전에 이루어진 불공정거래행위는 소급효금지에 의해 여전히 처벌할 수가 없다. 그런데 불공정거래행위가 시장사기(fraud on market)라고 불리는 탓인지 수사기관들은 다음과 같은 코인 불공정거래행위를 하여 큰 양도차익을 얻은 경우에도 형법 제347조의 사기죄를 적용할 수 있다고 보는 듯하다.

- 매매유인목적으로 매매가 성황을 이루고 있는 듯이 잘못 알게 하거나 시세를 변동 또는 고정시키는 코인매매(및 위·수탁)

- 매매가 성황을 이루고 있는 듯이 잘못 알게 하거나, 그 밖에 타인에게 그릇된 판단을 하게 할 목적의 통정매매(매수·매도)나 거짓매매
- 부정한 수단, 계획, 기교를 사용하거나, 재산이득의사로 거짓·오해유발의 표시를 사용하거나, 거래유인목적으로 거짓시세를 이용하는 행위

이렇게 보는 이유는 사기죄와 불공정거래죄의 불법을 구조적으로 동일한 것으로 이해하기 때문일 듯하다. 그렇기에 코인 사기죄의 수사를 불공정거래죄의 요건사실에 초점을 맞춰 진행하고, 코인 불공정거래행위를 사기죄로 기소하기도 한다. 그러나 그렇게 수사와 공소제기를 하면, 공소장에 사기죄로 기재된 공소사실이 사기죄의 요건에 해당하는 구체적인 요건사실들로 특정되기가 매우 어렵다. 왜냐하면 사기죄의 구성요건은 불공정거래죄의 구성요건에 비해 매우 세밀하고 엄정한 표지들로 이루어져 있기 때문이다. 이러한 잘못된 사고와 형사실무는 2024. 7. 19. 이전의 코인 불공정거래행위에 대해 가상자산법을 사기죄로 우회하여 소급 적용하는 사실상의 결과를 낳는다.

물론 이러한 형사정책도 관점에 따라서는 필요하다고 볼 수도 있고 나름의 합리성도 있을 수 있다. 하지만 "형법은 형사정책이 넘어서는 안 되는 울타리이다"(Das Strafrecht ist die unübersteigbare Schranke der Kriminalpolitik)[1]라는 리스트(F. v. Liszt)의 말을 되새겨볼 필요가 있다. 위와 같이 운영되는 코인 불공정거래행위는 과연 사기죄의 문턱을 넘어설 수 있는 불법의 실질이 있을까, 아니면 사기죄를 참칭[2]하는데 불

---

1 Franz von Liszt, Lehrbuch des deutschen Strafrechts, 1881; 이 명제를 설명한 Claus Roxin, Kriminalpolitik und Strafrechtssystem, Berlin 1973.

2 참칭(僭稱)의 사전적 문법적 의미는 '분수에 넘치는 칭호를 스스로 일컫는 것'이다. 민법 제999조 제1항도 진정상속권자의 대비개념으로 "참칭상속권자"를 사용하고 있다(참칭의 자세한 의미 해석은 이상돈, 기업경영형법, 박영사 2022, 514쪽). 불공정거래행위가 사기죄의 칭호를 쓰는 것도 분수에 넘치게 스스로를 일컫는 것이다.

과한 것일까? 이 물음은 사기죄의 불법유형을 면밀히 분석하는 법이론적 작업을 통해서만 답할 수 있다.

사기죄는 근대 이성법의 기획을 좇는다

사기죄를 규정하는 현행 형법 제347조는 근대법(전)의 이성적 기획,[3] 즉 개인의 자유를 최대화하고, 그 자유를 공평하게 향유하게 하는 기획을 좇는다. 따라서 사기죄도 당사자 간의 상호작용(Interaktion)이 있는 거래행위에서 자유의 향유를 최대화하기 위해 최소한의 도덕적인[4] 한계를 설정한다. 이를 위해 사기죄는 근대적(부르주아) 인권의 핵심인 '재산'[5](Vermögen)과 근대법의 기반인 의사도그마(will-dogma)의 발현인 '의사결정의 자유'를 각각 1차와 2차의 보호법익으로 삼고, 거래상대방인 특정 개인을 행위객체로 삼으며, 실행행위를 기망이라는 '뚜렷하게'[6] 반도덕적인 양태의 행위에 한정할 뿐만 아니라 그 실행행위의 효과로 거래상대방이 거래의 조건에 관한 착오(재산처분에 인과적인 착오)에 빠져 재산처분을 하게 된 결과 타인에게 재산상 손해를 입히고 그로부터(즉, 그 손해와 자료가 동일한 Stoffgleichheit) 이익을 취득

---

3 하버마스(J. Habermas, Der philosophische Diskurs der Moderne, Suhrkamp 1986)의 근대성기획(das Projekt der Moderne)을 형법의 근대성 기획으로 옮긴 이상돈, 형법의 근대성과 대화이론, 홍문사 1994 참조.

4 도덕은 핵심도덕(예: 살인, 사기 등의 금지), 윤리(예: 종교윤리), 사회규범(예: 공중도덕, 사회상규)으로 구분되며(이상돈, 법의 깊이, 법문사 2018, [05] 참조), 근대 형법전은 핵심도덕의 제도이다.

5 근대적 인권의 구성요소를 자산, 이성, 기독교로 해석하는 이상돈, 인권법, 세창출판사 2005 참조.

6 '뚜렷하다'는 것은 반도덕성이 사기적 부정거래행위죄의 표지들(예: "부정한 기교")에 비해서 강하다는 점을 뜻하고, 그 표지의 의미론적 명확성이 기망이라는 법문언에 이미 존재한다는 것을 뜻하지 않는다. 물론 기망 표지의 해석과 판례를 통한 사용규칙 확립으로 그 표지의 의미는 동적으로 명확해질 수 있다(이런 명확성 이론으로 이상돈, 법이론, 박영사 1996, 180쪽). 형법해석학과 판례의 오랜 축적에 의해 기망의 의미론은 실제로 높은 수준의 명확성을 성취해왔다. 그렇기에 이 표지는 헌법상 명확성 원칙(Bestimmtheitsgebot)에 위배되지 않는다. 같은 결론으로 헌법재판소 2006. 11. 30. 선고 2006헌바53 결정 참조.

했을 것을 요구한다.

물론 형법 제347조 제1항에는 이 조항이 계수한 일제강점기의 의용일본형법 제246조의 입법적 결함이 계속 남아 있어서[7] 이러한 이성법적 기획을 기술記述된 구성요건표지(예: 기망, 재산상 이득)만으로는 완전하게 구현할 수 없다. 그렇기에 형법해석학은 오랜 세월에 걸쳐 '기술되지 않은 구성요건표지들'(ungeschriebene Tatbestandmerkmale)인 착오, 재산처분, 손해발생을 사기죄의 요건으로 발굴해왔다. 그 결과, 사기죄의 성립요건은 '기망 → 착오 → 재산처분 → 손해발생[8] → 재산상 이득'이라는 표지들과 이를 관통하는 인과관계로 정식화되었다. 대법원도 손해발생의 요건을 공식적으로 인정하지 않지만 그 밖의 각 요건들에 관한 상세한 내용(사기죄 문언의 사용규칙)을 약 700개가 넘는[9] 많은 사기죄 관련 판례를 통해 정립해왔다.

이 책은 그렇게 지금까지 확립된 사기죄의 의미론(semantics)을 더욱 발전된 법리구성을 통해 한층 더 명확하고 세밀하게 만들려고 한다. 이 기획은 다음의 두 근본관점 위에 서 있다.

---

7 형법 제347조는 일제강점기에 일본총독부가 의용했던 일본형법 제246조(① 사람을 기망하여 재물의 교부를 받거나 재산상의 이익을 취득한 자는 10년 이하의 징역 또는 2천만 엔 이하의 벌금에 처한다. ② 전항의 방법으로 제삼자로 하여금 재물의 교부를 받게 하거나 재산상의 이익을 취득하게 한 때에도 전항의 형과 같다.)를 사실상 계수하여 1953. 10. 3. 시행한 형법 제347조(① 사람을 기망하여 재물의 교부를 받거나 재산상의 이익을 취득한 자는 10년 이하의 징역 또는 5만환 이하의 벌금에 처한다. ② 전항의 방법으로 제삼자로 하여금 재물의 교부를 받게 하거나 재산상의 이익을 취득하게 한 때에도 전항의 형과 같다)에서 벌금형을 2천만 엔(円)에서 5만 환(圜), 그리고 2천만 원 이하로 변경한 것이다.

8 손해는 제347조의 법문언에 없고, 판례(大判 99도1040)도 사기죄의 요건에서 제외시키고 있지만, 사기죄는 개인의 재산권을 보호하는 침해범이므로 재산상 이득도 상대방의 재산권침해로부터 생성된 것이어야 한다. 따라서 재산상 이득의 직접적 원천이 되는 손해는 기술되지 않은 구성요건으로 보거나 적어도 불법이득의사, 즉 상대방의 재산권 침해라는 손해로부터 직접 이익을 얻으려는 의사의 내용으로 볼 수 있다. 이상돈, 형법강론, 박영사 2023, 543쪽; 손해를 구성요건으로 명문화하자는 황만성, "형법상 사기죄 관련규정의 제·개정방안", 형사정책연구 제20권 제1호, 2009, 478쪽 참조.

9 700여개는 1953. 10.부터 2025. 10.까지 대법원의 공보 판례를 기준으로 낸 통계이다.

- 사기죄는 거래상대방과의 의사소통 속에서 범하는 **의사소통적 범죄**(kommunikatives Delikt)[10]이며, 행위자가 기망하고 피해자가 착오에 빠져 재산처분을 하는 상호작용으로 구성되는 범죄, 즉 **상호작용범죄**(Interaktionsdelikt)[11]이다.
- 사기죄는 양심을 저버린 술책으로 거래의 기반이 되는 **보호가치 있는 신뢰를 배반**하는 **반도덕적 행위**(양태)의 범죄이다.

사기죄의 이런 성격은 사기죄의 해석·적용에서 이론적으로는 결코 배척할 수 없는 사기죄의 존재론적(ontological) 요소인데도 실무적으로는 자주 망각되어 왔다. 이 책은 그렇게 망각된 사기죄의 존재론적 요소를 사기죄의 해석론으로 재생시킬 것이다. 이 작업이 다소 지나치게 이론적으로 보일 수 있으나, 법(사기죄)의 의미가 혼란스러워져 갈수록 실무는 가장 이론적인 것들을 되살펴볼 필요가 있다. 헤겔(F. Hegel)이 그의 법철학강론[12]에서 "Was vernünftig ist, das ist wirklich"(이성적인 것, 그것이 바로 현실적인 것이다)라고 말한 것처럼.

독자들의 효율적 이해를 위해 도표 1에서 이 책이 위와 같은 근본 관점과 목표에 따라 정립할 사기죄의 18가지 세부요건과 그 핵심내용 및 근거이론을 미리 개관한다. 사기죄의 세부요건을 아래로(① → ⑱) 읽으면 사기죄의 요건을 하나의 복합문장으로 이해할 수 있다.

---

10 사기죄의 의사소통적 범죄성(Betrug als Kommunikationsdelikt)에 대해 자세히는 Laura Mayer Lux, Die konkludente Täuschung beim Betrug, Die konkludente Täuschung beim Betrug, V&R unipress GmbH, 2013, 제1장.

11 독일연방법원도 사기죄를 상호작용범죄라고 부르는데(예: BGE 143 IV 302 S. 306 참조), 그 의미는 행위자가 피해자로 하여금 행위자나 제3자에게 이익이 되지만 자신을 해치는 재산처분을 하도록 그의 생각에 영향을 미친다는 점에 있다. 같은 취지의 Olaf Miehe, Unbewußte Verfügungen: Zur Spannung zwischen Unrechtsgehalt und Tatbild des Betruges, Hüthig Berlin, 1987.

12 Friedrich Hegel, Grundlinien der Philosophie des Rechts, Berlin 1821의 서문에 나오는 표현이다.

도표 1.

		사기죄의 세부요건 ontological structure	핵심내용(◂근거이론 vs 대비 특성)
고의	①	구성요건적 고의와	요건사실(③~⑱)의 인식·의욕 (③~⑪)는 사기고의와 미수죄의 **필수요건사실** ◂상호작용범죄로서 사기죄
	②	불법이득의사로	불법이득의사(=①사회유해적 의사+②권리침해의사+③직접이득의사) vs 부당이득의사(①)
사람	③	특정한 개인(들)에게	상호작용하는 사람에 대한 사기(시장 안의 사람사기 포함)(이를 배제하는 ◂코인거래소의 미분화 다기능) vs 시장(불특정다수인)에 대한 사기
기망	④	양심을 저버린 술책으로써	기망의 신뢰배반성 구성 ◂규범보호목적 vs 부정한 방법 등은 이에 못 미침
	⑤	중요한	법률행위의 중요부분 불필요, 객관적으로 동기형성을 넘는 의사형성요소◂사소법익침해원칙
	⑥	허위의	거짓 또는 진실의 왜곡·은폐 vs 진위 구분이 없는 시장이미지(simulacre) 등의 초현실
	⑦	사실을	가치판단·의견표명, 미래의 불확정적 사실 제외 ◂'사실의 핵'을 지닌 가치판단은 사실이 됨
	⑧	고지하여	의사소통적으로 알려주다(이를 배제하는◂코인거래소의 다기능) vs 시장에 알리다(시장정보화), 불공정거래행위는 정보의 진실 보증인의무 없음
착오	⑨	피해자가 자기책임 없이	착오의 신뢰배반성 구성=경솔한 신뢰로 기망과 착오의 인과관계 부정 ◂규범보호목적
	⑩	거래의 조건이 되는	동기의 착오를 배제하는 재산처분인과적 착오(착오와 재산처분의 인과관계)
	⑪	허위사실을 불인식함으로써	수동적·소극적 착오 vs 주체적인 인지적 오류
재산 처분	⑫	인식하지 못한	착오와 재산처분의 인과관계 ◂착오의 손해발생은폐기능이론 (인지적 오류는 은폐기능 없음)
	⑬	손해(이득)를 직접 초래하는	제3자 행위(◂거래소의 미분화 다기능)의 개입으로 재산처분과 손해/이득의 인과관계 부정
	⑭	재산이전 행위를 재산이전의 의사로 하여	의사결정의 자유가 침해된 재산이전의 행위와 의사 vs 처분결과와 법적 효과 인식은 불필요

손해	⑮	손해 위험을 인수하지 않은	손해위험 인수자 배제 ◀타인위태화의 내면적 동의(=피해자의 위험인수), 객관적 귀속
	⑯	피해자가 재산손해를 입고	재산처분(코인거래) 전후 비교에서 재산감소
재산이득	⑰	그 손해와 자료가 동일한	◀손해와 이득의 자료동일성 vs 시차 있는 양도차익과 양수차손은 자료동일성 없음
	⑱	재산이익을 가해자가 취득	재산처분(거래) 전후 비교에서 재산증가

불공정거래죄는 공정한 시장을 기획하는 정책적 범죄다

사기죄의 이러한 18가지 세부요건은 가상자산법 제19조의 코인 불공정거래죄에 해당하는 행위만으로는 충족하기 매우 어렵다. 그 이유는 불공정거래죄의 불법유형(Unrechtstypus)이 사기죄처럼 도덕적이며 존재론적인 것이 아니라 정책적이며 기능적인 것이기 때문이다. 이 점은 대표적인 불공정거래죄의 불법구조를 구조사고(Strukturdenken)[13]로 분석해보면 좀 더 명확하게 이해할 수 있다.

- 매매유인목적의 **매매**(및 위·수탁)가 '매매의 성황'을 만들거나[14] '시세의 변동·고정'(제10조 제3항)을 인과적으로 초래한 경우(유형 1: 제19조 제1항 제3호)
- **통정매매**(제10조 제2항 1, 제2호)나 **거짓매매**(제10조 제2항 제3호)가 매매의 성황을 만들거나 시세를 변동·고정시키는 목적을 좇은 경우(유형 2: 제19조 제1항 제2호)
- **부정한 방법**(수단, 계획, 기교)**을 사용**하거나(제10조 제4항, 제1호), 재산이득의사로 **거짓·오해유발 표시를 사용**하거나(제10조 제4항, 제2호), 거래유인목적으로 **거짓시세를 이용**하는(제10조 제4항, 제3호) 매매(및 그 위·수탁) 등의 경우(유형 3: 제19조 제1항 제4호)

13 이런 구조사고는 F. Haft, Juristische Rhetorik, Alber 1985, 25쪽 아래.

14 법 제3조의 문언은 "매매가 성황을 이루고 있는 듯이 잘못 알게 하거나"이다. 여기서 '잘못 안다'는 것은 매매의 성황이 인위적으로 만들어진 경우에 투자자들이 개연적으로 빠지게 되는 오해상황을 가리킨다.

유형 1, 2는 코인시장의 기능(효율성과 공정성)[15]을 '구조적으로' 해하는 시장왜곡의 범죄인 반면, 유형 3은 코인시장의 기능을 구조적으로 해하는 것은 아니지만, 시장에 참여하는 거래행위 자체가 반도덕적 요소를 갖고 있고, 재산이득의사나 거래유인목적을 갖고 있어서 불공정거래죄가 된 경우이다. 불법을 구성하는 요소를 행위반가치(Handlungsunwert)와 결과반가치(Erfolgsunwert)로 나누고, 각 요소마다 0, 1, 2 등급으로 나누어, 위의 세 가지 유형의 불법을 평가해보고 그 총량을 산출해보자.

도표 2.

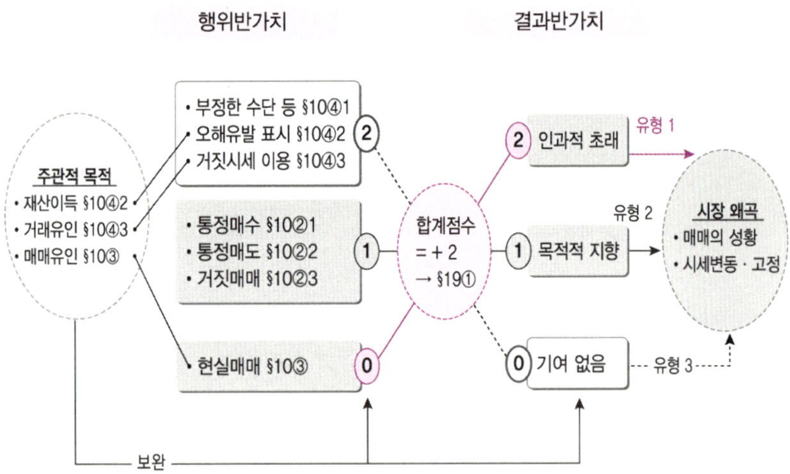

15 가상자산법 제1조는 "가상자산시장의 투명하고 건전한 거래질서를 확립"이라고 표현하고 있다. "가상자산 이용자의 권익을 보호"하는 목적은 시장 기능의 보호를 통해 '간접적으로' 달성되는 것이다. 간접적 기능은 사기죄도 갖고 있다. 사기죄는 개인적 법익인 재산을 보호하는 목적을 좇지만, 반도덕적 행위를 통제함으로써 간접적으로는 시장의 거래질서 확립에 기여한다.

유형 1의 행위반가치는 그 자체로는 반도덕적 요소가 없고, 유효한 매매를 했으므로 0점, 결과반가치는 시장을 왜곡하므로 2점을 매긴다. 유형 2의 행위반가치는 민법상 무효인 통정한 허위의 의사표시(민법 제108조)보다 다소 약한 반도덕적 요소를 지녔으므로 1점, 결과반가치는 시장왜곡의 목적이 때때로 실현될 수도 있기에 1점을 매긴다. 유형 3은 시장의 왜곡과 관련이 없으므로 결과반가치는 0점, 행위반가치(예: 부정한 수단, 계획 등)는 사기죄의 '기망'보다는 약하지만 그 자체(per se)로서 반도덕적인 행위양태이므로 2점을 매긴다. 이처럼 유형 ①, ②, ③의 불법의 총량은 모두 2점으로 똑같으므로 동일한 처벌조항(제19조 제1항)과 동일한 법정형(1년 이상의 유기징역 또는 그 위반행위로 얻은 이익 또는 회피한 손실액의 3배 이상 5배 이하에 상당하는 벌금)이 적용된다고 설명할 수 있다.

여기서 점수평가는 가치평가의 관점에 따라 얼마든지 달라질 수 있고, 법적 제재도 공론의 변화에 따라 정책적으로 얼마든지 달라질 수 있음에 주목해보자. 예를 들어 유형 3의 행위반가치(2점)에 대해 유형 2의 행위반가치(1점)와의 점수차이를 적게 평가하여, 1.5점으로 평가한다면 유형 3은 제19조 제1항보다는 제19조 제2항의 더 낮은 법정형(10년 이하의 유기징역 또는 그 위반행위로 얻은 이익 또는 회피한 손실액의 3배 이상 5배 이하에 상당하는 벌금)이 적정한 형벌이 된다. 이처럼 불공정거래죄는 공정한 코인시장을 확립하기 위한 정책적 범죄이면서, 그 불법의 총량도 사기죄보다 훨씬 정책적으로 유연하게 평가할 수 있다. 다시 말해 코인 불공정거래죄의 불법은 사기죄의 불법과 같은 존재론적(ontological) 성격을 갖고 있지 않다.

사기죄와 불공정거래죄는 불법의 구조가 완전히 다르다

이렇듯 코인 불공정거래죄는 시장의 기능(효율성과 공정성)을 유지·강화하는 국가의 정책적 조종매체(Steurungsmedien)로 기능하는 법이다. 이에 비해 사기죄는 성경[16]에서 시작하여 법제사적으로도 가장 오래된 근대법의 원천인 로마법[17]을 거쳐 근대법의 법전화 역사 속에서 조탁됨으로써 삶의 세계에 기반이 된 핵심적인 도덕적 제도(Institution)의 법이다.[18] 불공정거래죄는 정책적 조정매체로서 효율적으로 기능하기 위해 그리고 그 규율대상인 시장의 복잡성, 몰가치성, 다원적 가치성 등의 특성을 고려할 수 있도록 유연성이 매우 높은 구성요건이어야 한다. 그렇기에 불공정거래죄의 표지들은 매우 불명확한 표지들, 특히 농도가 옅은 내포와 적용범위가 넓은 외연의 개념들로 짜여 있다. 게다가 불공정거래죄의 성립요건은 개인적 법익인 재산에 대한 침해범인 사기죄의 요건(통설은 5가지, 이 책은 18가지)에 비해 현저히 축약되어 있다. 그래서 불공정거래행위를 하면 곧바로 기수범이 성립한다. 보편적 법익인 시장의 기능에 대한 추상적 위험범의 범죄형태는 이런 기획을 위한 법률적 장치이다.

그로 인해 불공정거래죄는 사기죄 성립 이전의 전단계(preparatory offences)에서 대중적으로 말하는 사기적인 코인거래행위들만으로도 성립할 수 있는 범죄가 될 수 있다. 그러나 가령 국가와 시민사회에 큰 위험이 되는 테러범죄의 전단계 범죄화(Vorfeldkriminalisierung)[19]와 달리 인간 삶의 도덕적 제도인 사기죄에 대해서는 불공정거래행위로써 그 전단계를 범죄화하는 것은 적절하지 않다. 그와 같은 사기죄의 전단계 범죄화는 대중의 처벌욕구와 여론에 부합하는 형사정책일 수는

16 성경 레위기 6:2("누구든지 여호와께 신실치 못하여 범죄하되")~7; 19:11~13; 여호수아 7:11 등은 사기를 금한 것으로 해석된다.

17 사기죄의 요건 중 기망, 착오, 재산처분 등은 로마법의 사기죄에서 확립된 것으로 보인다. 조규창, 로마형법, 고려대출판부 1998, 337, 498~499쪽; 최병조, "로마형법상의 사기범죄", 서울대 법학 제48권 제3호, 2007, 1~28쪽.

18 J. Habermas, Theorie des kommunikativen Handelns II, Suhrkamp, 1981, 229, 522쪽; 공동체형성메커니즘으로 보는 이상돈, 법의 깊이, 법문사 2018, 561쪽.

19 테러범죄의 전단계범죄화에 관해 Liane Wörnerm, "Expanding Criminal Laws by Predating Criminal Responsibility", German Law Journal Vol. 13, Issue 9, Cambridge University Press, 1037쪽 아래 참조.

있어도 형법적 정의가 될 수 없기 때문이다.[20] 그런 전단계 범죄화는 사회안전과 범죄예방을 위해 개인의 자유를 과도하게 희생시키고, 법익보호원칙과 명확성원칙을 침윤시키면서도 범죄감소의 효과마저 미미하다.[21] 게다가 사기죄의 전단계 범죄화는 사기죄와 불공정거래죄의 구조적 불법차이를 지워버린다. 이 차이를 경험 많은 법조인들도 종종 알지 못한다. 도표 3에서 독자들은 이 책에서 논할 사기죄의 18가지 세부요건사실(①~⑱)과 대비되는 코인 불공정거래행위의 특성들을 미리 대략 파악할 수 있다.

도표 3.

		사기죄	(사기죄 대비) 코인 불공정거래죄의 특성
보호법익		재산 및 의사결정의 자유	시장의 기능 (효율성과 공정성)
범죄형태		침해범 (양태범)	추상적 위험범 (불공정거래행위로 기수)
시장유형		실물시장 (디지털거래 포함)	가상자산시장 (실물가치 0의 자산)
인간상		합리적(경제적) 인간	비합리적 투기적 모험거래인
고의	①	사기의 구성요건적 고의와	불공정거래행위를 인식·의욕하면서
	②	불법이득의사로	부당이득의사로 (권리침해의사와 직접이득의사 없는 사회유해적인 이득의사로)
사람	③	특정한 개인(들)에게	시장의 불특정 다수 투자자에게
	④	양심을 저버린 술책으로써	부정한 방법(거짓·부실정보)을 사용하거나
기망	⑤	중요한	(인지오류의 법적 최대한인) 동기형성적인
	⑥	허위의	(진위 구별이 없는) 시장이미지를 창출하는
	⑦	사실을	정보(사실, 계획, 예측, 의견)들을
	⑧	고지하여 (알려주어)	시장에 알림(시장공시/인터넷공지)으로써 ▸ 불공정거래죄의 기수 성립

---

20 여기서 말하는 형법적 정의는 형법의 법치국가적 원리와 법원칙에 충실하면서 범죄를 통제하는 형벌권행사를 가리킨다.

21 정치범죄의 전단계 범죄화를 분석한 Wolfgang Beck, Unrechtsbegrünfdung und Vorfeldkriminalisierung, Duncker & Humblot·Berlin, 1992 참조.

착오	⑨	피기망자가 자기책임 없이	자기책임이 있는 모험거래 투자자가
	⑩	거래의 조건이 되는	거래의 동기형성에 기여할 뿐인
	⑪	허위사실을 불인식함으로써	주체적인 인지적 오류를 겪는 가운데
재산처분	⑫	인식하지 못한	손해위험을 인식하면서도
	⑬	손해를 '직접' 초래하는	손해를 '간접적으로' 초래하는
	⑭	재산이전 행위를 재산이전의 의사로 하여	의사결정의 자유가 침해되지 않은 재산처분을 하여
손해	⑮	손해위험을 인수하지 않은	시장참여 자체로써 인수한 손해위험이
	⑯	피해자가 재산손해를 입고	(피해투자자의) 손해(양수차손)로 실현되고
재산이득	⑰	그 손해와 자료가 동일한	그 시점과의 사이에 수많은 경쟁매매가 개입하여 자료가 동일하지 않는
	⑱	재산이익을 가해자가 취득	이익(양도차익)을 불공정거래자가 취득

사기죄가 성립하거나 사기죄의 요소를 다양한 비율로 갖춘 아래의 사안 ⓐ, ⓑ, ⓒ, ⓓ는 이 책 전반에 걸쳐 중요한 비교사안(Vergleichsfall)으로 활용될 것이다. 이를 통해 사기죄와 코인 불공정거래죄의 구조적 불법차이는 사안이 각인된(fallimprägnant) 법리의 수준으로 논의할 수 있다. 다만 이 사안들은 그와 같은 법리 논의를 위해 실제사건을 모델로 재구성한 것이며 실제사건의 사실관계와 차이가 있음을 미리 일러둔다.

사안 ⓐ: A는 2020. 12. Po코인을 10억 개 발행하여 BTC를 리워드로 지급하는 코인플랫폼사업[22]을 할 회사의 대표 B에게 1억원 상당의 USDT를 지급하고, B는 A와 협의하여 2021. 2. Po코인을 거래소에 상장하면서 백서에 플랫폼 사업 계획을 기재하였고, 실제

22 코인플랫폼사업은 블록체인 및 암호화폐 기술을 기반으로 사용자가 실제로 코인을 이용하고 거래할 수 있는 인프라와 다양한 기술서비스를 제공하여 암호화폐가 실제로 사용되고 거래되는 환경을 제공하는 사업(예: 코인리워드서비스, 스테이킹 등)을 가리키고, 코인연관사업은 코인마케팅, 법률자문, 보안서비스, 하드웨어지갑 개발 등 주변적인 보조 사업을 가리킨다. 그러나 둘은 자주 혼용된다.

로 사업에 참여하지 않은 지인을 CTO로 기재하였다. A는 자전거래, 통정거래 등을 반복하는 조직을 운영하여 시장조성과 시세조작을 한 후 2021. 2.~3. 총발행량의 55%를 코인당 53원에 매도하였다. 2021. 10. A는 USDT 20만개를 UYS캐피탈의 지갑에 입고하고 UYS는 곧바로 USDT를 코인사업회사의 지갑으로 전량 출고하고, 2억개의 Po코인을 입고 받고 곧바로 전량 A의 지갑으로 출고하였으며, 코인사업회사는 USDT를 A의 지갑으로 전량 출고하고 A로부터 Po코인을 전량 입고받았다. A는 B로 하여금 2021. 7. (4천만 원의 외주로) 플랫폼 앱을 개발하게 하고, 직원수를 (2명에서 10명으로) 부풀린 자료를 거래소에 제출하였으며, 2021. 10. UYS의 투자 유치 등으로 플랫폼사업이 정상적으로 진행되고 있다는 내용을 쟁글에 게시하였다. 2022. 3.~4. A는 남은 코인 전량을 코인당 4원에 매도하였다. B는 2022. 4. A에게서 이익을 배당받은 후 플랫폼사업을 중단하였고, Po코인은 2022. 7. 상장 폐지되었으며, 2022. 10. 코인사업회사도 폐업하였다.

사안 ⓑ: C코인거래소의 대표 A는 2018. 1. 차명계정(봇계정)을 여러 개 만들어 실제 보유하지 않은 가상자산과 원화를 보유하고 있는 것처럼 자산보유량 포인트 정보를 거짓으로 입력하고 일반 고객에게 그 가공코인을 매도하면서, 가장매매나 자전거래를 하여 거래주문량과 체결량을 부풀리고 매매의 성황을 이루게 하는 방법으로 양도차익을 올렸고, 이를 모르고 거래하는 이용자들로부터 거래수수료를 취득하였으며 예탁금의 일부를 무단 인출하여 사용하였다.

사안 ⓒ: A는 비공개 리딩방을 운영하면서 높은 수익(매일 3%)을 보장하고 리딩방에 참여한 투자자들에게 Pf코인에 대해 지속적으로 매도·매수 지시를 게시하였다. 투자자들은 A의 지시에 따른 매도·매수 내역을 공개 인증하면서 매수량의 75%까지만 매도하고, 25%는 보유하는 의무를 부담하였다. A는 투자자가 이 의무를 위반할 경우에 리딩방에서 탈퇴시켰다. A는 Pf코인을 상장한 후 전체 거래량의 84% 이상을 거래하였고, 어느 날 매수 추천을 한 직후 코인이 가격고점에 이르자 대량 매도하였다. 그로써 코인의 가격은 610원에서 100원으로 급락하였다.

사안 ⓓ: A는 코인을 발행하였지만 아직 거래소에 상장하지 않은 상태에서 지속 불가능한 코인플랫폼사업계획을 달성 가능한 것으로 설명하고 높은 수익을 보장하면서 다른 신규투자자(또는 하위 판매자)를 계속 모집하여 받은 투자금으로 기존 투자자(또는 상위판매자)에게 수익(수당, 이자)을 지급하는 폰지(ponzi) 방식으로 코인을 판매하였다.

시장사기의 경제학적 이해와 법의 윤리적 기획

사기죄는 존재론적으로(ontologically) 반도덕적 범죄인 반면, 코인 불공정거래죄는 시장의 기능을 보호하기 위해 정책적으로 만들어진 기능적 범죄이다. 놀랍게도 불공정거래죄는 어떤 경제학 이론을 배후이론으로 삼고, 그 이론을 어떻게 법으로 응용하느냐에 따라 합리적인 법으로도, 혹은 불공정한 규제의 법으로도 기능할 수 있다. 아래에서는 불공정거래죄의 경제학적 배후이론으로 '효율적 시장 가설'과 이에 대항적인 '소음거래자 이론', 그리고 이를 법에 응용한 '시장사기이론'과 이에 대항하여 이 책이 설계하는 '시장공정화 이론'을 논한다. 이 논의의 선지식으로 실물시장, 주식시장, 코인시장의 구조적 차이와 각 시장의 평균적인 시장참여자상을 먼저 설명한다. 이를 통해 불공정거래행위는 사기죄가 되기에는 불법의 본질이 너무나 다르다는 점이 밝혀질 것이다.

실물시장, 주식시장, 코인시장은 구조와 인간상이 완전 다르다

매매가 이루어지는 시장은 크게 상품과 서비스를 거래하는 실물시장, 각종 증권과 파생상품을 거래하는 자본시장, 특히 주식시장, 그리고 가상자산을 매매하는 코인시장으로 나눌 수 있다. 각 시장의 구조적 특성 차이와 각 시장에 참여하는 평균적 거래인의 모습을 비교해보자.

첫째, 실물시장이 특정한 상대방과의 매매를 거래의 기본모형으로 삼고 있다면, 주식시장이나 코인시장은 무수히 많은 사람들 사이의 경쟁매매[1]를 거래의 기본모형으로 삼고 있다. 경쟁매매시장에서 거래는 매도인과 매수인이 인적으로 특정되지 않은 채 익명으로 그리고 API[2]를 통한 자동적인 체결방식으로 이루어진다. 이 구분은 오프라인시장과 온라인시장의 구분이 아니다. 전자상거래나 통신판매 등의 시장도 실물시장이 될 수 있기 때문이다.

둘째, 상품은 가격(예: 교환가치)에 근접할 정도의 실질가치(예: 생산비용, 사용가치)를 내재하고 있고, 대표적인 지분증권인 주식은 가격에 비해 적지만 그래도 상당한 실질가치(예: 주당순자산(PBR), 주당순이익(EPS), 주가수익비율(PER) 등)를 화체하고 있다. 이에 반해 코인은 비트코인(BTC)이나 미국 달러와 1대1로 대응하는 USDT와 같은 스테이블코인(Stablecoin)을 제외하면 그 자체로는 어떤 가치도 내재하고 있지 않다. 특히 유틸리티 토큰과 같은 코인은 생성비용이 0에 가깝고, 자연채무처럼 강제집행도 아직은 사실상 어렵다. 거래소 상장 전에 취득한 코인의 자산은 그 공정가치를 합리적으로 측정할 수 없기 때문에 회계실무에서 0원으로 처리되고 있다.[3]

셋째, 명품 등의 예외를 제외한다면 상품의 내재된 실질가치는 상품에 대한 시장의 수급상황보다 상품의 가격형성에 더 중요한 요소로 작용한다. 주식에 화체된 실질가치도 주식의 가격형성에서 상품의 경우보다는 약하지만 그래도 상당한 요소로 작용한다. 그러나 주식의 가격형성에 더 중요한 요소는 주식에 화체된 실질가치가 아니라 주식에 대한 수급이다. 그렇기에 주식의 가격은 실질가치보다 십여 배(예: S바이오는 PBR이 약 18배)에서 수십 배까지 오르기도 한다. 이에 비해 코인,

1 현행법상 경쟁매매시장은 자본시장, 가상자산시장, 배출권시장이 있으며, 근거법으로는 각각 자본시장법, 가상자산법, 배출권거래법이 있다.

2 API는 응용 프로그래밍 인터페이스(Application Programming Interface)의 약어이다. 이 인터페이스는 암호화폐 거래소의 시세 조회, 주문, 입출금 등 다양한 기능을 외부 프로그램이나 서비스가 자동으로 이용할 수 있게 한다.

3 금융위원회·금융감독원·회계기준원이 2023년에 제정한 가상자산 회계처리 감독지침 참조.

특히 뉴알트(new alt)코인의 가치는 영(0)이고, 그 자체로는 아무런 가격형성력이 없다. 따라서 코인의 가격(교환가격)을 형성하고 결정하는 요소는 오로지 시장의 수급상황이다. 코인의 가격은 수급상황에 따라서는 하루 밤에도 몇 배 이상, 1년에 몇 백 배 이상 등락을 거듭하기도 한다.[4] 코인을 구매하는 것은 그와 같은 시장 내의 교환가치와 그 상승에 대한 기대, 그리고 현금으로 전환할 수 있는 유동성의 가치를 구매하는 것과 같다.

그리고 코인플랫폼사업이 제공하는 서비스에 접근하고 그 기능을 이용할 수 있도록 설계된 코인, 즉 유틸리티 토큰(Utility Token)[5]의 소유는 코인플랫폼이 완전하게 구축되어 그 플랫폼운영사업이 서비스를 개시하면 그것을 이용할 수 있는 디지털이용(기대)권을 포함하고 있다. 이때 코인플랫폼사업의 성패와 전망은 거래소에서 그 코인(유틸리티 토큰)의 상장유지와 지속적인 거래 가능성에 영향을 미침으로써 코인의 교환가치와 유동성의 가치 유지에 간접적으로 기여를 할 수 있다. 그럼에도 불구하고 코인플랫폼사업은 코인시장에서 코인가격의 실제적인 결정요인이 되거나 코인거래의 '조건'이 되는 것은 아니며, 심지어 가격형성의 유의미한 요소라고 일반화하기도 어렵다. 왜냐하면 코인플랫폼사업이 완전히 좌초했는데도[6] 코인의 가격이 폭등하고, 반대로 사업

4 가상자산은 ① BTC ② ALT코인(예: 이더리움, 솔라나, BNB 코인) ③ NEW ALT코인 ④ ICO코인으로 나눌 수 있다. ①②는 모든 가상자산거래소에 상장되어 있고, ③은 특정 거래소에만 상장되어 있는 코인이며, ④는 상장을 바라보는 코인이다. ①코인은 ②코인보다 비공식적 결제수단의 기능에서 가치가 안정적이다. ②코인은 거래자들이 많아짐으로써 더 높은 수익률을 기대할 수 있고(예: 35배/연 상승), ①코인의 기대수익률(예: 20배/연 상승)보다 높지만, 위험도가 그만큼 높다. ③코인은 ②코인보다도 기대수익률이 훨씬 더 높고(예: 400~500배/연 상승), 그 만큼 위험도 더 높으며(예: 상장 폐지율 약 50%), 모든 가상자산거래소에 상장 거래될 때 가장 강력한 가격상승 요인을 얻는다. ④코인은 상장되면 높은 가격상승을 기대할 수 있지만, 1분기내에도 180만여 개 상장 폐지되는 바와 같이 매우 높은 위험률을 보인다.

5 유틸리티코인은 알트코인의 하위분류개념이다. 알트코인에 속하고 유틸리티 코인이 아닌 경우(예: 거버넌스코인, 증권형 토큰)도 있지만 둘은 대개 겹친다.

6 코인에 어떠한 유틸리티도 없고, 가치와 신뢰성이 전무한 코인을 속칭 잡코인(shitcoin)이라고 부르기도 한다.

이 원활히 진행되고 있는데도 가격이 폭락하는 경우가 비일비재하고, 코인플랫폼사업이 제공하는 서비스에 대한 수요 자체도 대개는 미미하며, 그런 수요마저도 다른 금전지급방법으로 대체가 가능하도록 설계되어 있기 때문이다.

이렇게 볼 때 코인시장은 기본적으로 투기시장이며, 최고도의 모험거래를 하는 시장이다. 이 시장에 참여하는 자는 극강의 투기적인 모험거래를 할 뿐, 합리적인 투자행동을 하지 않는다. 더 나아가 코인거래자들 스스로가 '시장의 공정성'을 진정성(authenticity) 있게 요구하거나 기대하지도 않는다. 왜냐하면 역설적이게도 시장이 불공정해야 단기간 내에 자신이 욕망하는 '돈벼락'을 맞는 일이 가능하다고 믿기 때문이다. 이런 코인시장의 특성으로 인해, 실물자산이 많지 않거나 정보약자여서 주식시장에서 성공하기 어려운 사람들은 종종 코인시장을 단기간에 큰 부를 일굴 수 있는 약속의 땅으로 착각한다.

이상의 내용을 종합해보면 실물시장 참여자들의 평균적인 모습은 전통적인 의미의 합리적 경제인(homo economicus)이라고 볼 수 있다. 또한 주식시장 참여자들의 평균적 모습은 기업의 펀더멘틀 분석 등에 의해 합리적인 장기투자를 하거나 합리성을 가능한 지향하지만 단기적으로는 모험거래(예: 초단타매매 Scalping)를 하는 합리'지향'적 모험거래인(rational risked transactor)이라고 볼 수 있다. 이에 반해 코인시장참여자의 평균적인 모습은 아무런 가치 분석 없이, 또한 그 필요성도 느끼지 못한 채 거래한다는 점에서 합리를 지향하지 않는 비합리적 투기적 모험거래인이라고 볼 수 있다. 도표 4는 이상의 내용을 요약해 보여준다.

도표 4.

	실물시장	주식시장	코인시장
내재가치 (가격대비비율)	○	△	×
내재가치의 가격형성력	○	△	×
수급의 가격형성력	△	○	○
시장의 합리성	합리적 거래시장	펀더멘탈 고려하는 합리적 모험거래시장	가치분석 없는 투기적 모험거래시장
시장의 공정성 요구	매우 강함	강함	없거나 약함
거짓·부실정보의 필요성	없거나 약함	강함	매우 강함
시장참여자상像	합리적 경제인	합리지향적 모험거래인	비합리적·투기적 모험거래인
규제법률	공정거래법 전자상거래법 제조물책임법 중대재해처벌법 소비자기본법	자본시장법(2009년) 증권관련집단소송법(2005년)	가상자산이용자보호법(2024년)

○ 매우 중요, △ 중요, × 없음

시장사기이론, 불공정거래죄가 되다

합리지향적 모험거래가 일어나는 주식시장은 실물시장의 거래와 달리 가격변동이 빠르고, 급격하기 때문에 거래의 성공을 위해 필요한 정보가 늘 부족하다. 그래서 투자의 합리성을 실현하려면 투자정보의 진실성뿐만 아니라 정보의 총량도 매우 중요하다. 그럼에도 불구하고 자본시장법은 효율적 시장 가설(efficient-market hypothesis)이라는 경제학이론 위에 서 있다. 즉, 주식의 가격[7]은 주식의 가치에 관한 모든 합리적인 가용정보(available information)를 이미 반영하고 있다는 가설

---

7 여기서 주식의 가격은 시장에서 수요와 공급, 투자심리, 금리, 경기전망 등이 시시각각 반영된 시장가(market price)를 말한다. 주식의 가격 개념과 비슷하지만 다른 개념으로 주식자산의 가격(Stock asset price)이 있다. 이는 기대수익, 위험, 할인율 등을 고려한 가치이론적 개념으로서 특히 주식이 미래에 창출할 현금흐름의 현재가치를 나타낸다.

이다. 이 가설에 따르면 초과수익(Excess Returns)을 지속적으로 얻는 것은 불가능하다. 일시적으로나마 초과수익을 얻기 위해서는 시장가격에 반영되지 않은 새로운 정보가 필요하다. 그렇기에 투자자들은 새로운 정보, 심지어 합리성이 담보되지 않은 정보까지 찾아 나서는 사냥(예: 리딩방, 유튜버, 찌라시 등)을 한다. 여기서 주가에 반영되는 가용정보를 예를 들어 ① 과거의 주가와 차트분석 정보, ② 회계(재무)자료, 공시자료, 증권사자료, ③ 비공식자료, 미공개자료로 분류해보자.

도표 5.

주가에 반영된 정보 범위		효율적 시장 가설	정보 대칭성	시장효율성 요소
①	과거 주가·차트 분석정보	약한 가설 =①	○	정보의 진실성
②	회계·재무·공시자료	중강의 가설 =①+②	○	정보의 진실성
③	비공식자료·미공개자료	강한 가설 =①+②+③	×	정보의 총량

유진 파마(Eugene Fama)[8]에 의하면 효율적 시장 가설은 주가가 ①의 정보를 반영한다는 보는 약한(weak) 효율적 시장 가설, ①과 ②의 정보까지 반영한다고 보는 중강中强(semi-strong)의 효율적 시장 가설, 그리고 ①②③의 정보를 모두 반영한다고 보는 강한(strong) 효율적 시장 가설로 유형화할 수 있다.[9] 여기서는 주가는 통상적으로 ①과 ②까지의 정보를 이미 반영하고 있다는 중강의 효율적 시장 가설을 따르기로 하자. 그러면 일반투자자(속칭 개미투자자)가 초과수익을 올리지 못하는 주된 이유는 주가에 이미 반영된 공식정보(①과 ②의 정보)만을

8 Eugene Fama, "Efficient Capital Markets: A Review of Theory and Empirical Work", Journal of Finance Vol. 25, No. 2, 383~417쪽 참조.

9 초과수익은 시장지수나 S&P 500과 같은 벤치마크 수익률 또는 국채이자율과 같은 무위험수익률을 초과하여 얻은 추가 수익을 말한다. 즉, <초과수익=실제 투자수익률−벤치마크 또는 무위험수익률>이다. 초과수익은 투자자가 시장평균 대비 얼마나 더 또는 덜 벌었는지를 평가하는 지표이다.

갖고 거래하기 때문이며, 반면 정보강자인 투자자(기관투자자, 내부거래자, 시장조성자)가 초과수익을 더 잘 올리는 것은 공식정보뿐만 아니라 비공식·미공개정보(③의 정보)까지 고려하여 거래하기 때문이라고 말할 수 있다.

여기서 일반투자자와 정보강자인 투자자 사이의 정보 비대칭이라는 경제적 불평등을 교정해야 하는 법과 정의의 관점에서 바라보면, 정보강자들만 비공식·미공개정보를 사용하여 초과수익을 얻는 것은 효율적 시장이라는 경제학적 가설의 전제조건을 깨뜨리는 일종의 시장사기가 된다. 이를 시장사기이론(Market Fraud Theory)이라고 부른다.[10] 시장사기이론은 법적으로 응용된 효율적 시장 가설이라고 볼 수 있다. 불공정거래죄는 이와 같이 시장사기로 볼 수 있는 불공정행위들을 금지하고 처벌하는 법이다. 시장사기이론에 근거한 법적 통제는[11] 규범적으로는 논리적 완결성을 가질 수 있다. 예를 들어 일반투자자의 투자손실은 효율적 시장 위에서 비대칭적인 정보 사용에 의한 불공정거래행위 때문이며, 그렇기에 투자실패에 대한 민사상 손해배상책임의 요건인 인과관계를 추정할 수 있다고 보는 것이다. 그러나 이런 법경제학적 명제와 법적 통제의 '이론적' 타당성은 별론으로 하고, 법은 비대칭적인 정보의 사용과 불공정거래행위들을 현실적으로 완벽하게 막을 수가 없다. 그래서 자본시장법상 불공정거래죄는 집행의 결핍(Vollzugsdefizit)을 피할 수 없게 된다.[12]

---

10 시장사기이론의 효시를 이루는 Basic Inc. v. Levinson, 485 U.S. 224 (1988) 참조. C(주)와 B(주)가 합병 협의 중 B가 합병 협상 사실을 부인하는 공표로 투자자가 저가매도를 하여 손해를 입은 이 사건에서, 미국 대법원은 협상논의 예비적 허위발언도 중요한(materal) 허위정보로서 투자자의 합리적 의사결정에 영향을 미치며, 주식의 시장가격이 공개된 모든 정보를 반영한다는 효율적 시장 가설을 전제로 투자자들은 주식의 시장가격의 무결성을 믿고 저가매도하여 손해를 입었으므로 피고의 행위와 원고의 손해 사이의 인과관계를 사실상 추정하였다.

11 자세히는 최승재, "효율적 시장 가설의 규범포섭 – 시장사기이론의 적용한계의 획정을 중심으로", 증권법연구 제12권 제1호, 2011, 73~110쪽.

12 이런 형법이론적 비판으로 이상돈, 기업경영형법, 박영사 2022, 146, 302, 306쪽; W.

소음거래자 이론, 법이 되다

만일 정보약자인 일반투자자에게 비공식적인 정보, 그것도 거짓·부실정보일 가능성이 높은 정보(예: 증권 찌라시)를 사용할 기회조차 시장사기라는 이름으로 실제로 완벽하게 차단한다면, 효율적 시장 가설에 따르면 일반투자자의 주식투자는 이론적으로는 백전백패를 할 수밖에 없다. 그렇게 된다면 아무리 시장사기이론에 의거하여 정보강자인 투자자의 불공정거래행위를 철저히 단속하고 처벌하는 본보기를 보이더라도, 일반투자자들이 시장을 이탈하는 것을 막을 수 없다. 그로 인해 자본시장이 침체하거나 붕괴될 여지도 있다. 여기서 발상의 전환이 요구된다. 즉 정보의 비대칭을 교정하는 완전히 새로운 방법으로 일반투자자에게 비공식적이며, 심지어 거짓·부실정보일 가능성이 높은 정보(예: 찌라시 정보)를 주체적으로 사용할 수 있게 하는 것이다.

이 점은 행동경제학파 피셔 블랙(Fischer Black)이 주창한 소음거래자 이론(noise trader theory)에 의해 뒷받침될 수 있다. 소음거래자란 합리적 정보에 기반하여 거래하는 '정보거래자'(informed trader)에 대응하는 개념으로서 진실하고 합리적인 공식적 정보(Information)의 반대개념인 소음(noise)에 의거하여 거래하는 투자자를 말한다. 여기서 피셔의 소음 개념은 합리적인 정보가 아닌 모든 요소, 이를테면 주관적 감정이나 근거 없는 소문, 불확실한 데이터를 가리킨다. 법적 개념인 거짓·부실정보도 당연히 이에 포함된다. 효율적 시장 가설에 대항하여, 블랙은 소음거래자의 투자행동, 즉 소음거래(noise trading)가 거래를 활발하게 하여 시장을 활성화시키지만, 가격 변동성을 크게 증가시키고 가격이 합리적 정보에 기반하지 않도록 만들어 비효율적인 시장을 초래한다고 본다. 바로 그 때문에 합리적 정보를 비대칭적으로 많이 향

Hassemer, "Symbolisches Strafrecht und Rechtsgüterschutz", BStZ 1989, 559쪽 참조.

유하는 투자자, 즉 '정보거래자'가 초과수익을 올리는 것도 더 어렵게 된다.[13]

효율적 시장 가설이 시장사기이론으로 응용·발전한 것처럼, 이와 같은 소음거래자 이론도 법적으로 응용된 경제학이론으로 발전할 수 있다. 그런 이론을 효율적 시장 가설의 응용으로서 시장사기이론에 대응하여, 소음거래자 이론의 응용으로서 '시장공정화이론'이라고 부르기로 한다.

경제학 이론	효율적 시장 가설	↔	소음거래자 이론
법이론	시장사기이론	↔	**시장공정화이론**

이 이론을 설계하기에 앞서 먼저 소음거래자 이론에서 말하는 소음(noise)의 경제학적 개념을 법적 개념으로 옮겨보자. 법적 의미의 소음은 다음의 정보 ①②③ 가운데 문리적으로는 정보 ①②, 확장적으로는 정보 ③까지 포함할 수 있다.

- 과거나 현재의 확정적 사실로서 거짓정보(정보 ①: 협의의 거짓정보)
- 미래의 사실에 관한 것이지만 행위 시에 이미 거짓임을 판단할 수 있는 의견(opinion or belief)·전망·계획인 정보(정보 ②: 광의의 거짓정보)
- 미래의 불확정적 사실에 관한 것으로서 행위시에 거짓임을 판단할 수 없는 의견·전망·계획인 정보(정보 ③: 부실정보)

법적 개념으로서 협의의 거짓정보는 사기죄의 기망 개념을 구성하는 요소, 즉 과거나 현재의 확정적 사실에 관한 거짓정보(정보 ①)를 말한다. 이에 비해 가령 불공정거래죄의 요건인 "거짓의 기재 또는 표

13 "시장을 다소 비효율적으로 만들지만 종종 비효율적인 요소를 활용하지 못하게 한다"고 말하는 Fischer Black, "Noise", The Journal of Finance Vol. 41, Issue 3, 1986, 529~543쪽 참조.

시"(자본시장법 제178조 제1항 제2호, 가상자산법 제10조 제4항 제2호)의 사용은 이런 협의의 거짓정보뿐만 아니라, 미래의 사실에 관한 의견(opinion or belief)·전망·계획으로서 '행위 시점에 이미' 참과 거짓 여부를 판단할 수 있는 광의의 거짓정보(정보 ②), 그리고 미래의 불확정적 사실에 관한 의견·전망·계획으로서 미래 시점에 가서야 비로소 거짓임이 판명될 수 있는 부실정보(정보 ③)까지 포함한다. 이러한 소음의 법적 개념을 전제로 소음거래자 이론을 법에 응용하여 시장공정화이론으로 발전시켜 보자.

첫째, 법이 금지하고 그 사용을 범죄로 규정하여 처벌하는 소음(정보 ①②③)과 이를 이용한 소음거래(불공정거래행위)는 가격 변동성을 크게 증가시키고, 시장의 비효율성을 초래하여, 일반투자자에 비해 비대칭적으로 많은 합리적 정보를 가진 투자자가 초과수익을 얻기 어렵게 만든다. 이는 경쟁매매시장에서 정보(권력) 불균형이 갖는 시장 내 권력의 불평등을 완화시킴을 의미한다.

둘째, 법이 금지하는 소음(정보 ①②③)과 소음거래(불공정거래행위)는 투자자들이 서로 다른 해석과 기대로 거래를 활발하게 하여 시장의 유동성을 풍부하게 만든다. 그에 따라 시장의 가격조정기능도 더욱 강화된다. 다만 이로써 법과 경제의 체계간 충돌(conflict between systems)이 뚜렷하게 일어난다.

셋째, 시장현실을 보면, 정보강자인 투자자가 공식적인 합리적 정보를 먼저 향유하여 초과수익을 올리는 동안, 정보약자인 일반투자자(속칭 개미투자자)는 시장가격에 이미 반영된 공식적인 정보를 뒤늦게 그것도 단편적으로만 접하며 거래를 한다. 하지만 정보강자인 투자자가 법이 유통을 허용하는 합리적 정보만을 비대칭적으로 더 많이 사용함으로써 오히려 투자실패를 겪는 경우도 있음을 주목해보자. 만일 정보약자인 일반투자자가 소음(정보 ①②③)정보를 통해 뒤늦게 단편적으로 접하는 공식적·합리적 정보를 재해석하여 투자판단을 한다면, 역설적이게도 정보강자가 겪을 수 있는 그런 위험을 더 많이 회피할 수 있다. 즉, 소음과 소음거래는 합리적 정보의 사용에 따른 투자실패의 위험에 대해 '비판적 거리두기'(critical distancing)의 기능을 할 수 있다는 것이다. 법이 유통을 허용하는 합리적 정보만 사용했는데 투자가 실패한다면, 그것은 소음과 소음거래를 규제하고 처벌하는 '법의 실패'라고도 볼 수 있다. 소음과 소음거래는 정보약자인 일반투자자에게 그러한 법의 실패로부터 벗어날 수 있도록 도와준다.

넷째, 소음거래로 인한 가격 변동성 증가와 시장의 비효율적 상태는 극단적으로 비유하면 시장이 정보의 진흙탕이 되었다고 말할 수 있다. 바로 그런 정보의 진흙탕이 된 시장에서야 비로소, 아니 어쩌면 그런 시장에만 정보약자인 일반투자자가 정보강자인 투자자를 이기고 초과수익을 얻을 수 있는 것일지도 모른다. 즉, 소음거래가 정보강자인 투자자에게 초래하는 시장의 비효율성은 정보약자인 일반투자자에게는 시장의 효율성으로 변증될 수 있다는 것이다. 이와 같은 시장의 효율성을 공정한 효율성이라고 부를 수 있다.

종합하면, 소음과 소음거래는 시장을 정보의 진흙탕에 빠뜨림으로써, 투자정보의 비대칭이 갖는 시장 내 권력의 불균형을 약화시키고, 정보강자인 투자자의 투자성공을 제약한다. 반면 정보약자인 일반투자자에게는 합리적인 효율적 시장을 지향하는 법의 실패에서 벗어날 수 있게 도와주고, 초과수익을 얻을 가능성까지 제공한다. 소음거래자 이론이 이처럼 시장의 공정한 효율성을 도모하는 법의 경제학적 이론(즉, 법의 소음거래자 이론)이 되었을 때, 그 이론을 시장공정화이론이라고 부를 수 있다.

이와 같은 법(경제학)의 발전을 논리적으로 확장해보면, 좀 극단적인 결론이 도출될 수도 있다. 즉, 불공정거래죄는 합리적인 형법일 수는 있을지언정, 공정한 효율성을 모르는 불공정한 규제의 형법이라는 것이다. 공정한 효율성이라는 경제적 관점에서 바라보면, 그런 형법은 역설적이게도 집행의 결핍(Vollzugsdefizit) 상태에 머무를수록 더욱 정의로운 법이 된다. 집행의 결핍이 구조화된 형법을 가리키는 상징형법(Symbolisches Strafrecht)[14]은 이런 역설의 의미를 이미 내포해온 개념이다.

찌라시 정보도 시장을 공정하게 효율화 한다

시장사기이론에 대항하는 시장공정화 이론의 관점에서 찌라시 정보의 예를 설명해보자. 가령 투자할 종목의 회사가 미래에 M&A를 할 것이라는 찌라시 정보를 얻었다고 하자. 이 찌라시 정보는 미래에 실제로 M&A가 시도되고 성공하면 완전한 '진실정보'가 되고, 이 정보가 보도된 시점(행위시점)에 M&A에 대한 검토조차 전혀 되지 않았음이 밝혀진다면 그 정보는 미래의 사실에 관한 것일지라도 광의의 거짓정보(정보 ②)가 된다. 이에 비해 당초에는 M&A를 하거나 검토할 계획이 있었지만 추후에 발생한 돌발변수들(예: 인수경쟁자 등장, 피인수회사의 자사주 취득)로 인해 계속 추진되지 못하게 된 경우에 그 찌라시 정보는 진실정보도 거짓정보도 아닌 부실정보(정보 ③)가 된다. 이 점을 사기적 부정거래사건의 예에서 설명해보자.

> 피고인 A는 S(주)에 대한 M&A 계획을 기자에게 보도하게 하였지만, S(주)가 자사주취득을 공시하는 등의 상황변화로 주가에 대한 미래전망이 달라지자, M&A를 위해 취득했던 주식을 전부 매각하였다. 서울중앙지방법원은 A가 기자에게 M&A설을 보도하라고 요구한 행위는 기망행위나 오해유발표시행위에는 해당하지 않으나 자본시장법 제178조 제2항의 "풍문의 유포"에 해당한다고 보았다.[15] 즉, A

---

14 여기서 상징형법은 형법의 상징성이 아니라 집행결손(Vollzugsdefizit)이 구조화된 현대형법을 가리키는 개념이다. Winfried Hassemer, "Symbolisches Strafrecht und Rechtsgüterschutz", NStZ 1989, 552~559쪽 참조.

15 A에게 사기죄의 무죄를 판결한 서울중앙지방법원 2006. 9. 29. 선고 2006고합114 판결. 이에 관한 비평으로 이상돈, 기업경영형법, 박영사 2022, 356쪽.

는 부실정보(정보 ③)를 창출한 셈이다. 하지만 만일 풍문을 "시장에 알려짐으로써 주식 시세의 변동을 일으킬 수 있는 정도의 사실로서 합리적 근거가 없는 것"[16]으로 정의하고 이때 '합리적 근거가 없는' 정보란 미래에 가서야 최종 판정할 수 있는 것이지만 유포행위 시점에 이미 그 거짓됨을 추측할 수 있었던 경우를 포함한다고 본다면, 풍문도 광의의 거짓정보(정보 ②)가 될 수 있다.[17]

이처럼 정보의 진위여부가 미래에 유예되어 있고, 맞기도 하고 틀리기도 하는 예측판단의 불확실성을 고려해보면, 거짓정보(정보 ②)와 부실정보(정보 ③)의 경계를 명확하게 긋는 것은 매우 어려운 일이다. 그런데 일반투자자들이 이런 거짓·부실정보(정보 ②, ③)를 고려하여 기존의 보유주식을 성급히 매도하지 않거나 추가로 더 매수하더라도, 돌발변수들이 발생하지 않은 상황이 일정기간 지속되고 해당 종목의 주가가 올라갈 경우에는, 초과수익을 얻을 수도 있다. 그렇기에 정보약자인 일반투자자에게는, 가용정보의 진실성보다 가용정보의 총량이 적어도 기관투자자에 뒤지지 않게 확보되는 것이 필요하고 중요하다. 여기서 국가(사법기관)가 법의 요구에 따라 투자정보의 진위를 판단하더라도, 그 판단이 해당 정보의 가치를 결정할 수 없다는 점을 알 수 있다. 그렇기에 투자자들도 미래의 불확정적 사실에 관한 거짓정보(정보 ②)나 부실정보(정보 ③)를 포함하여 수많은 투자정보를 각자 다양하게 해석·판단하고 적절하게 사용할 수 있어야 한다. 이처럼 투자정보의 가치에 대한 판단이 시장의 자율에 내맡겨질 때 시장의 효율성(예: 유동성 증가, 가격조정기능 향상)이 더 높아지고,[18] 일반투자자도 그런 상황

16 서울고등법원 2013. 3. 22. 선고 2012노3763 판결.

17 행위 시의 이런 거짓정보는 설령 사후적으로 우연히 진실에 부합하는 것으로 밝혀지더라도 여전히 제178조 제2항의 '풍문의 유포'에 해당한다고 본다. 대표적으로 서울중앙지방법원 2012. 9. 21. 선고 2012고합662 판결 참조.

18 효율적 시장 가설에 의해서도 시장에 유통되는 정보는 진실일 필요가 없다는 입장으로 Donald C. Langevoort, "Theories, Assumptions and Securities Regulation:

에서 비로소 단기적이나마 초과수익을 얻을 가능성을 가진다는 점에서 시장의 공정성도 높아지게 된다.

이와 같은 거짓·부실정보의 공정한 효율성 촉진기능은 주식시장에서보다 코인시장에서 더욱 더 강하게 요구된다. 코인시장에서는 효율적 시장 가설을 현실화하려면 투자정보의 진실성뿐만 아니라 투자정보의 양도 최대한 증가시켜야 한다. 이는 코인의 시장가격 변동이 주가에 비해 속도와 폭 모두 훨씬 크지만, 대부분의 코인사업회사는 회계자료, 기업분석자료 등과 같은 공식적·합리적 투자정보마저 거의 존재하지 않거나 매우 빈약하기 때문이다.

법은 효율적 시장 가설과 소음거래자 이론 사이에 존재한다

현실의 자본시장은 효율적 시장 가설이론과 시장사기이론의 설명력, 그리고 소음거래자 이론과 시장공정화이론의 설명력이 모두 부분적으로 타당한 시장이다. 어떤 이론도 현실의 주식시장을 완전하게 설명하고 실효성 있게 규율하는 유일한 이론이 될 수 없다. 효율적 시장 가설과 시장사기이론이 '이성적 인간상'을 이상적으로 추구한다면, 소음거래자 이론과 시장공정화이론은 '감성적 인간상'을 현실적으로 인정하고 수용한다. 법의 인간상은 이 둘의 모습을 모두 종합한 것이어야 한다.[19] 이와 마찬가지로 법(자본시장법, 가상자산법)의 정의도 효율적

Market Efficiency Revisites", University of Pennsylvania Law Review Vol. 140, No. 3, 1991, 851쪽 아래 참조. 이 한에서는 효율적 시장 가설이론과 소음거래자 이론은 서로 수렴될 가능성이 있다.

19 현재 정신특성을 파악하는 유형론인 MBTI로 표현한다면, 효율적 시장 가설과 시장사기이론은 ESTJ 형의 정보거래자, 소음거래자 이론과 시장공정화이론은 INFP 형의 소음거래자를 시장참여자로 전제하는 셈이다. 이러한 인간형의 전형적인 대립은 철학사에서도 끊임 없이 이어져 왔다. 가령 쉴러(Schiller)가 칸트와 프랑스혁명에 관해 논쟁하며 보낸 "인간의 미적 교육에 관한 편지"(Briefe Über die ästhetische Erziehung des Menschen)에서 말한 '소재충동'(Stofftrieb)의 인간이 소음거래인이라면, '형식충동'(Formtrieb)의 인간은 정보거래인에 해당한다. 물론 쉴러는 두 충동의 합일상태를 '놀이충동'(Spieltrieb)이라고 정의하고 완전한 인간의 내면으로 바라보았다(이에 관해 H. Pauly, "Aesthetic Decadence Today Viewed in Terms of Schiller's Three

시장 가설이 전제하는 합리적 효율성, 그에 기반한 법이론인 시장사기이론의 윤리적 기획을 지향하면서 동시에 소음거래자 이론이 발굴한 시장의 비효율성과 그에 기반한 법이론인 시장공정화 이론의 공정성 요구를 수용하는 것이어야 한다. 불공정거래죄의 해석·적용도 이와 같은 효율적 시장 가설과 소음거래자 이론, 시장사기이론과 시장공정화 이론 사이에서 평형을 이루어야 한다. 평형은 고정된 분배기준이 아니라 다면적인 균형을 위한 끊임없는 성찰을 가리킨다. 그와 같이 성찰적 평형(reflexive equilibrium)을 지향하는 법의 해석·적용은 법의 도덕적 정당성과 경제적 효율성, 그리고 정치적 합리성 사이의 실제적 조화(practical concordance)에도 기여할 것이다.[20]

그러나 2024년 시행된 가상자산법은 이러한 평형을 거의 이루어내지 못하고 있다. 이는 코인시장의 효율성 겹핍에 관한 다음 두 가지의 구조적 원인을 간과하고 있기 때문이다.

- 첫째, 코인시장에서는 투자정보로서 회사의 회계정보나 재무정보와 같은 공식적인 정보(도표 5의 정보 ②)가 아예 존재하지 않는다는 점이다. 그렇기에 효율적 시장 가설은 코인시장에서는 사실상 '약한 가설'(weak efficient-market hypothesis)로만 존재할 수 있다. 이처럼 효율성이 낮은 코인시장은 주식거래보다 훨씬 높은 수익률을 기대하는 코인거래자들에게 기대와는 정반대로 초과이익을 올릴 수 없게 만든다.
- 둘째, 소음거래자 이론에 기반한 시장공정화 이론에서 보듯 거짓·부실정보의 필요성은 코인시장이 증권시장에 비해 훨씬 더 크다는 점이다. 코인거래소의 자체 공시(가상자산 공시정보)나 상장백서에

Impulses", The Journal of Aesthetics and Art Criticism Vol. 31, No. 3, 1973, 365~373쪽). 이러한 인간상의 이해는 법이 전제할 시장참여자상도 정보거래인과 소음거래인을 종합한 모습이어야 함을 암시해준다.

20 이는 체계들(예: 법, 경제, 정치, 도덕) 사이의 통합(Systemintegration)의 요청으로 이어진다. 자세히는 이상돈, 법의 깊이, 법문사 2018, 412, 561쪽.

기재된 코인플랫폼사업의 미래계획(예: 리워드 앱의 개발과 추진) 등을 제외하면 코인투자정보는 체계적인 공시제도(예: 금감원의 전자기업공시제도 DART)가 아니라[21] 사설 외부공시플랫폼이나 각종 채팅방 등과 같은 사적 매체를 통해 투자자들에게 알려진다. 현실적으로는 비공식적인 정보(도표 5의 정보 ③)들이 코인시장에서 투자정보의 중심을 이룬다.

이처럼 공식적인 투자정보는 극도로 빈약하고, 사실상 비공식 정보가 주된 투자정보로 유통되고 있는 코인시장의 현실에서는 불가피하게 거짓·부실정보도 시장의 공정한 효율성을 부수효과로 발생시키는 소음거래(noise trading)의 핵심적인 요소가 될 수밖에 없다. 이를 인정하지 않는다면 사실상 차트 같은 정보만이 코인의 시장가격을 형성하는 요소가 되어 버릴 것이고, 이는 코인시장의 효율성을 현저히 낮추고, 투자자들에게는 '깜깜이 거래'에 대한 불안을 키워 시장이탈의 동기를 강화할 것이다.

이러한 코인시장의 심각한 효율성 결핍에도 불구하고 가상자산법은 코인시장에 비해 소음거래의 필요성이 상대적으로 적은 증권시장을 규율하는 자본시장법의 강한 윤리적 기획을 그대로 답습하고 있다. 이를테면, 가상자산법 제19조는 코인불공정거래죄를 자본시장법상 주가조작죄와 사기적 부정거래죄 등에 대해 부분적이고 비체계적으로 유비[22]하고 있다. 이는 코인시장의 투기적·비합리적 코인거래자들에게 합리지향적 모험거래인인 주식거래자들에게 요구되는 윤리적 행동의 수준

21 최근에는 자산총액 500억원 이상이거나 외부감사대상인 코인사업회사는 DART에 사업보고서와 재무제표를 제출하고 있으며, 앞으로 이와 같은 공식자료의 제출과 공시는 점차 더 많은 코인사업회사로 확대될 것으로 전망된다.

22 가상자산법은 첫째, 자본시장법상 불공정거래죄의 전체가 아니라 중요한 부분만 불공정거래죄로 정하고 있고, 둘째, 자본시장법처럼 자본시장의 기능(효율성과 공정성)을 구조적으로 왜곡하는 주가조작, 내부자거래 등의 행위(제176조)와 자본시장에 참여하는 불공정한 개별거래행위(제178조)를 나누어 규율하는 체계성이 없으며, 셋째, 자본시장과 가상자산시장의 구조적 차이를 간과한 채 유비적인 입법을 하고 있다.

을 요구하는 것이며, 주식시장과 코인시장의 구조적 차이를 외면하는 것이다. 이와 같은 코인 불공정거래죄의 윤리적 과잉으로 인해 코인의 소음거래자 이론에 의거한 시장의 공정한 효율성과 코인 불공정거래죄의 윤리적 기획을 동시에 달성할 수 있는 영역은 거의 남지 않을 수 있다. 다시 말해 코인의 불공정거래를 완벽하게 법이 기획한 바대로 통제할 경우 역설적이게도 코인시장은 현실적으로 유지되기 어려울 수 있다는 것이다.

이와 같은 코인 불공정거래죄의 윤리적 과잉을 다소 줄이는 해석정책으로 다양한 법문언[23]으로 표현되고 있는 코인거래의 불공정성 표지들을 사기죄의 반도덕적 행위양태인 기망 표지의 구성요소에 해당하는 (과거나 현재의) 거짓사실에 관한 정보에 국한하여 적용하는 방안을 고려해볼 만하다.[24] 불공정거래죄를 사기죄의 참칭으로 확장하는 것이 아니라 정반대로 불공정거래죄를 사기죄의 불법에 근접한 범죄로 축소하는 것이다. 그러나 그와 같은 축소해석(teleologische Reduktion)에도 불구하고, 코인시장의 공정한 효율성을 도모할 수 있는 공간은 여전히 그렇게 크지 않을 수 있다. 왜냐하면 코인 불공정거래죄는 사기죄의 기망을 제외한 다른 성립요건인 착오, 재산처분, 손해, 이득 및 인과관계의 충족을 필요로 하지 않으므로, 여전히 넓은 행위영역을 윤리적 관점에서 관할하고 통제할 수 있기 때문이다.

---

23 가상자산법 제10조 제2항의 "서로 짠 후 매매", "거짓으로 꾸민 매매", 제3항의 "매매가 성황을 이루고 있는 듯", 제4항의 "부정한 수단, 계획 또는 기교를 사용", "거짓의 기재 또는 표시", "오해를 유발"(시키는 표시), "거짓의 시세를 이용" 등을 들 수 있다. 제2항과 제3항의 표지들은 모두 현재의 사실에 대한 허위정보(본문의 정보 ③ 유형)를 창출하는 행위들인 반면, 제4항은 미래의 불확정적 사실에 관한 또는 의견형태의 허위정보(정보 ② 유형) 또는 부실정보(정보 ③)를 창출하는 행위들을 규율하고 있다.

24 자본시장법 제178조의 입법모델이 된 미국 증권법 Rule 10b−5의 같은 문언에 대하여 표현의 자유를 과도하게 제한한다고 비판하는 Sachs, Margaret V. "The Relevance of Tort Law Doctrines to Rule 10b−5: Should Careless Plaintiffs be Denied Recovery?", Cornell Law Review Vol. 71, 1985, 96쪽 아래 참조. 이 견해는 위와 같은 축소해석의 비교법적 근거가 될 수 있다.

스캠코인, 메시아적 책임을 꿈꾸고 순환논증에 빠지다

코인시장의 기능(효율성과 공정성)을 추상적으로 위태롭게 만드는 범죄이며, 정책적·기능적 범죄인 코인 불공정거래죄가 재산과 의사결정의 자유를 침해하는 범죄인 사기죄의 18가지의 세부요건(도표 1)을 충족한다는 것은 매우 어려운 일이다. 그런 불공정거래행위가 코인거래소의 유통시장에서 일어난 경우에는 거의 불가능에 가깝다. 그런데도 코인 불공정행위는 사기죄로 기소되기도 한다. 그 경우 사기죄의 요건사실에 해당하는 공소사실을 특정하기 어렵고, 바로 그렇기 때문인지 검사는 공소장에 스캠코인(scamcoin)이라는 말을 즐겨 사용하게 된다. 스캠코인이란 사기를 목적으로 발행된 코인이라거나 속어로 먹튀 목적으로 발행된 코인을 뜻한다. 스캠코인이라는 말을 사용하는 것은 사기죄를 불공정거래죄에 근접하도록 유연화(Flexibilisierung)[25]하여 해석·적용하고 픈 욕망의 표현이다. 사기죄를 유연화하여 해석·적용하면 2024. 7. 19. 이전에 범한 코인 불공정거래행위도 사기죄로 처벌할 수 있다. 그러면 불공정거래죄가 소급 적용된 것과 같은 사실상의 효과가 발생한다. 그러나 사기죄의 그와 같은 유연화는 사기죄의 법문언을 넘어서는 유추(Analogie)가 된다. 게다가 코인 불공정거래행위는 대체로 이득액이 크기 때문에, 특정경제범죄법 제3조 제1항에 의해 가중처벌되기 쉽고, 그 결과 책임원칙과 과잉금지원칙(죄형균형원칙)도 위반하게 된다.

하지만 스캠코인은 논증의 결론을 증명하기 위해 그 결론을 전제로 논증하는 선결문제요구의 오류(Petitio principii)[26]에 빠져 있는 개념이

---

25 현대형법의 유연화 현상은 Seung-Hee Hong, Flexibilisierungstendenzen des modernen Strafrechts und das Computerstrafrecht, Dissertation, Würzburg, 2002 참조.

26 Petitio principii는 영어로 begging the question(논점을 옳은 것으로 가정해 놓고 논한다)으로 번역되기도 한다.

다. 즉 피고인의 범행에 대한 특정한 공소사실(논증)이 사기죄가 성립함(결론)을 논하는데, 사기죄가 이미 성립함(결론)을 전제로 공소사실(논증)을 논하는 것이다. 이를 좀 더 자세히 설명해보자. 먼저 스캠코인은 자크 데리다(J. Derrida)의 철학적 개념인 전前미래시제(le future antétieur)[27]를 법적 책임 개념으로 전유한 듯한 모습을 갖고 있다. 전미래시제란 프랑스어에 고유한 시제이다. 가령 '내가 집필을 마칠 무렵(A)이면, 나의 친구가 그곳에 도착해 있을(B) 것이다'와 같은 문장을 보자. 이 문장의 시제時制는 미래완료시제가 아니라 미래 어느 시점이면 완료될 행위나 사건(B)이 다른 미래의 행위나 사건(A)보다 먼저 완료됨을 나타내는 시제, 즉 '미래의 과거'(미래시점 A의 과거시점인 B)를 나타내는 시제이다. 데리다는 이 시제에서 미래시점에 완료되는 행위가 과거에 대해 소급적이고 구조적인 영향을 미쳐서 미래에 오는 것에 대해 완료된 것으로 지금 책임지는 태도를 전미래시제라고 이론화하였다. 이 태도는 기독교적 의미에서 메시아주의 없는 메시아성(messianicity without messianism)을 지향한다. 데리다는 법과 정의에도 그런 메시아(주의)적 사고와 구조가 있음을 밝혀냈다.

이 사고를 스캠코인의 예에 적용해보자. 코인을 발행하면서 코인플랫폼사업의 계획과 실행의지를 갖고 사업을 수행하였으나 여러 변수들로 인하여 사업을 중단하였고, 수많은 변수들이 함께 작용하여 결과적으로 코인의 가치가 제로가 될 정도로 폭락하거나 상당히 하락한 경우에도 시장에서는 이를 스캠코인이라고 부른다. 이는 스캠코인이 매우 감정적이며 사회학적인 개념(sociological concept)임을 말해준다.[28] 이런

27 J. Derrida(진태원 역), 법의 힘(Force de loi), 문학과 지성사 2004, 196쪽; J. Derrida(진태원 옮김), 마르크스의 유령들, 문학과 지성사 2007, 392~395쪽.

28 스캠코인 개념의 사용은 기망 및 재산처분과의 인과관계를 근거짓는 사실이 아니지만 '위법성에서 주장할만한 요소'도 아니다. 다만 '먹튀'의 목적은 사기죄가 성립하는 경우에 양형요소로 고려될 수 있는데, 먹튀 자체가 사기죄의 유죄인정에 사용된 사실과는 기본적 사실이 동일하므로 양형요소이중평가금지의 원칙에 의하면 양형요소가 될 수 없다.

사회학적 개념으로서 스캠코인의 개념에는 메시아적 책임을 묻는 사고가 스며 있다. 공소장에서 어떤 코인을 두고 스캠코인이라고 단정하여 부르는 것은 이와 같은 메시아적 책임을 법개념으로 옮기는 것[29]이 된다. 스캠코인 개념에 의한 메시아적 책임의 법적 전용은 다음과 같은 이중의 사실상 추정에 의해 이루어진다. 첫째, 코인플랫폼사업의 성패가 코인가격의 결정적 요소라고 보는 '문제 많은' 관점을 전제로, 코인가격의 폭락이라는 결과로부터 코인플랫폼사업의 의지(주관적 요소)와 능력(객관적 요소)이 처음부터 없었음을 사실상 추정한다(기망행위와 기망고의 인정).[30] 둘째, 이 추정적 사실 위에서 미래에 가서야나 비로소 확정될 수 있는 코인의 가격폭락(미래의 불확정적 사실)을 코인발행·판매자가 마치 발행·판매 당시부터 인식할 수 있는 미래의 '확정적' 사실인 것처럼 또 한번 사실상 추정(손해와 이득의 인과성과 그에 대한 고의 인정)을 한다.

그러나 이중의 사실상 추정은 순환논증(Zirkelbeweis)의 오류에 빠진다. 즉, 스캠코인은 코인의 발행·판매 행위 당시에 기망(행위와 고의)이 있었는지를 먼저 판단·확정하고(A), 그것이 투자손해의 결과(B)를 인과적으로 초래하였는지(A → B)를 판단·확정하는 것이 아니라 투자손해의 결과(B)를 통해 거꾸로 기망(행위와 고의)이 있었다고 판단·확정하는 것이다(A ← B). 여기서 어떤 행위(코인발행·판매)를 기망이라는 보는 것은 '증명되어야 할 주장'인데, 이 주장이 이미 진실(참 wahr, truth)임을 전제로 하는 언표들, 가령 코인 투자자(매수인)[31]들이 입은 투자손

29 스캠코인 개념의 법적 전용으로 검토할 여지가 있는 구성요건은 형법상의 사기죄가 아니라 가상자산법상의 불공정거래죄이다.

30 독일연방법원은 인터넷으로 타이어를 주문하고 대금을 지불하지 않은 사기사건에서 기망과 착오의 기반이 되는 주문자의 지불의사(Zahlungwiligkeit)를 직원이 신뢰하여 주문처리를 했다는 사실을 **불요증사실**로 인정하지 않은 바 있다(BGH 2 StR 437/20). 마찬가지로 코인플랫폼사업이 중단되었다는 사실만으로 처음부터 코인플랫폼사업을 할 의사가 없었다는 점을 불요증사실로 전제할 수 없고, 그 점에 대한 **엄격한 증명**이 있어야만 스캠코인이라는 표현을 사용할 수 있다.

31 이 책에서 불공정거래행위를 논할 때 사용하는 매수인 개념은 투자자로서 매수와 매

해는 '진실이 아직 증명되지 않은 주장인 코인발행·판매라는 기망에 의해 인과적으로 초래된 것(B ← A)이라는 언표를 통해서 근거지우고 있는 것이다. 다시 말해 A를 B로 근거짓고, B를 다시 A로 근거짓는 것이다.[32] 그러므로 스캠코인의 법개념적 사용은 선결문제요구의 오류(Petitio principii) 중에서도 (A ← B ← A)와 같은 순환논증(Zirkelbeweis) 형태의 논리학적 오류를 범하는 것이다. 스캠코인임을 알았다면 매수하지 않았을 것이라는 인과관계의 주장도 이 순환논증의 오류에 갇혀 있을 때에만 가능하다. 이처럼 순환논증의 오류에 빠진 스캠코인의 법개념은 메시아라야만 짊어질 수 있는 책임을 평범한 개인에게 부과하는 것이다. 이는 책임원칙을 중대하고 명백하게 위반한다.

스캠코인의 공소장 기재, 공소장일본주의를 위반하다

이와 같이 스캠코인의 법개념적 사용이 전미래시제와 순환논증의 오류 속에서 이루어짐으로써 사기죄의 엄격한 요건충족에 대한 사실주장과 입증은 대폭 축약(이중의 사실상 추정)되고, 그 결과로 사기죄는 코인 불공정거래죄와 요건이 동질화되는 유연화(flexibilization)를 겪게 된다. 이와 같은 스캠코인 개념의 무분별한 법개념적 사용은 사기죄와 불공정거래죄의 구조적 불법차이를 분명히 하는 법리의 발전으로만 대응할 수 있다.

그런데 이러한 사기죄 법리를 강구하기에 앞서 형사소송법적 문제가 먼저 등장한다. 스캠코인 개념을 공소장에서 무분별하게 사용하는 것은 공소사실의 불특정과 함께 일어난다. 공소사실이 특정되지 않았

도를 모두 하지만, 매수를 통해 최종적으로 양수차손을 입은 사람을 가리키고, 매도인 개념은 불공정거래행위를 하여 코인을 매도와 매수를 모두 하지만 매도를 통해 최종적으로 양도차익을 실현한 사람을 가리킨다. 실물시장에서 매매를 하는 대립당사자로서 매도인과 매수인을 가리키는 개념이 아님에 주의를 요한다.

32 이 점에서 스캠코인의 법개념적 사용을 '동어반복'이라고 말하기도 하는 것 같다. 그러나 동어반복이란 위 명제를 (A ← B ← A)가 아니라 (A ← B = A)로 이해하는 것이기 때문에 엄밀하게는 정확한 개념사용이 아니다.

는데도 공소장에 스캠코인이라고 기재하는 것은 피고인이 사기범이라는 선입견을 갖게 만든다. 이 점은 공소장에서 스캠코인 개념을 사용한 횟수가 많지 않아도 마찬가지이다. 스캠코인 개념의 공소장 기재가 그와 같이 예단형성기능을 하게 되면, 피고인 측의 방어와 변호는 스캠코인 개념이 이미 형성해놓은 재판부의 예단을 파악하고, 그것을 해체하는 변론에 중점이 쏠리게 된다. 법관의 인지작용과 변호의 중점설정에서 이와 같은 구조적 왜곡은 판례가 공소장일본주의(형사소송규칙 제118조 제2항)의 기준으로 제시한 "법관이나 배심원의 공정하고 중립적인 심증형성에 심각한 장애를 초래하는"(大判 2009도7436) 경우에 해당한다. 따라서 공소장에 스캠코인을 기재한 공소는 공소장일본주의와 무죄추정원칙(in dubio pro reo) 위반을 이유로 판결로써 기각되어야 한다(형소법 제327조 제2호). 또한 이후에 검사가 스캠코인 개념을 삭제하고 다시 공소제기를 하는 경우, 그 사건은 같은 재판부에 배당되지 않아야 한다. 다만 공판기일의 진행을 통해 재판부의 예단을 해체하는 변호가 이미 상당히 진행되어 재판부의 심증이 중립적인 원점의 상태에 이르렀다면 공소장일본주의 위반의 하자는 치유[33]되었다고 볼 수 있다.

33 이러한 입장은 "공판절차를 진행한 결과 증거조사절차가 마무리되어 법관의 심증형성이 이루어진 단계에서는 … 더 이상 공소장일본주의 위배를 주장하여 이미 진행된 소송절차의 효력을 다툴 수는 없다"고 보는 판례(大判 2009도7436 [전원합의체])와 달리 재판부의 심증형성이 끝난 단계에 이르지 않았어도 예단의 제거만으로 이미 하자가 치유된다고 보는 것이다.

사람을의 법리

어떤 코인거래행위가 사기죄에 해당하려면 제일 먼저 "사람을 기망하여"(제347조 제1항)에서 "사람을"의 표지부터 충족할 수 있어야 한다. 물론 코인 불공정거래죄도 "타인에게"(가상자산법 제10조 제1항 본문, 제2항 본문, 제4항 2호, 제19조 제1항 1, 2호)[1]나 "타인이"(제10항 제2항 1, 2호)와 같이 사람을 나타내는 문언을 사용한다. 하지만 그 조사형태와 각 조문의 의미맥락을 고려해보면, "~에게"는 정보이용과 투자판단의 주체를 나타내고, "~이"는 행위의 주체(공범)를 나타낼 뿐, 사기죄의 "사람을"과 같은 범죄의 행위객체(Handlungsobjekt)를 나타내는 문언이 아니다. 이처럼 법문언상으로도 코인 불공정거래죄는 '사람에 대한 사기'가 아니라 '시장에 대한 사기'(fraud on market 시장사기)임을 알 수 있다. 가상자산법에서 코인 불공정거래죄는 "가상자산시장의 투명하고 건전한 거래질서"(제1조)를 추상적으로 해치는 범죄이다. 그러면 이와 같은 법문언상의 이유 말고, 불공정거래행위가 근본적으로 '사람에 대한 사기'가 아니라 '시장에 대한 사기'인 이유는 무엇일까? 또한 두 행위는 어떻게 구분될 수 있는 것일까?

사기죄는 특정한 사람, 거래상대방에 대한 범죄다

사기죄는 "사람을 기망하여" 범하는 범죄이므로 그 행위객체는 구

---

1 가상자산법 제10조 제1항 본문, 제2항 본문, 제4항 2호에서 "타인에게"를 사용하고, 이들의 벌칙조항인 제19조 제1항에서도 앞의 두 범죄는 1호, 2호에 "타인에게" 문언을 반복 사용하지만, 제4항 2호의 벌칙조항인 제19조 제1항 4호에서는 반복 사용하지 않는다.

체적으로 특정한 사람이어야 한다. 첫째, 사람이 아닌 기계는 기망의 대상이 될 수 없다. 가령 컴퓨터 등 정보처리장치를 이용한 사기는 사람을 기망한 것이 아니기 때문에 별도의 처벌규정인 제347조의2가 입법(1995.12.29)되기 전까지는 처벌할 수 없었다. 판례(大判 2013도16099)에 의하면 컴퓨터이용사기는 사람에 대한 기망행위나 상대방의 재산처분이라는 사기죄의 요건을 충족할 수 없기 때문이었다. 그런 상황에서 제347조를 적용하였다면 유추금지원칙에 위배되었을 것이다.

둘째, 코인 사기죄에서도 피해자인 매수인이 봇거래(bot trade)로 매매한 경우에 기망의 상대방을 "사람"으로, 그리고 지정한 조건에 따른 봇에 의한 자동거래를 '사람의 재산처분'으로 볼 수 없고, 따라서 컴퓨터사용사기죄(제347조의2)를 적용해야 하는 것일까? 봇거래는 사람이 직접 매매하지 않고 주요 거래소(예: 업비트, 빗썸 등)가 공식 제공하는 API를 통해 자동으로 매수·매도 주문을 실행하는 거래방식이다. 봇거래로써 투자자는 감정을 배제하고 24시간 쉼 없이 거래할 수 있다. 또한 유명 트레이더의 전략을 복사하는 카피트레이딩이나 분할매매, 달러코스트에버리지(DCA), RSI, 볼린저밴드 등 다양한 지표와 전략을 적용하여 거래위험을 체계적으로 관리하고 수익을 극대화할 수 있다. 그러나 현재 봇거래는 투자자 개인의 투자성향과 시장관, 시장상황판단과 다양한 전략의 조합 등에 따라 거래조건을 섬세하게 커스터마이징[2] 하여 사용되고 있으며, 거래체결도 자동화하지 않고 본인이 직접 승인버튼을 누르는 방식을 선택할 수 있다. 그렇기에 봇거래는 사람의 의사결정과 재산처분행위를 대체하고 기계적으로 작동하는 자율매매의 기능체가 아니라 사람의 거래를 기술적으로 보조하는 수단일 뿐이다. 그러므로 코인의 봇거래는 불공정거래행위가 사기죄의 "사람을" 표지

2 오늘날 유명한 봇거래플랫폼으로 Snorter Bot, Margex, MEXC, Blofin, OKX, Cryptohopper, Coinrule, BONKbot, Maestro, Trojan Bot, XNUMX 등이 있다. 오늘날 봇거래플랫폼은 점점 증가하고 있다.

를 충족하는데에 장애가 될 수 없다.

의사결정의 자유를 침해할 가능성 없이는 사기죄도 없다

사기죄는 1차적으로 재산(Vermögen)을 보호하지만, 2차적으로는 재산처분에 대한 의사결정의 자유(Dispositionsfreiheit)도 보호한다. 그러므로 사기죄의 행위객체인 "사람"은 기망으로 의사결정의 자유가 침해될 수 있는 사람이어야 한다. 특정한 한 사람뿐만 아니라 다수의 사람이라도, 즉 특정 다수인이라도 기망으로 그들의 의사결정의 자유가 침해될 수 있는 경우라면 사기죄의 행위객체인 "사람을" 표지를 충족할 수 있다.

가령 백화점이 수수료를 받는 입점매장의 점주(기망자)들이 광고대(p.o.p.)에 거짓할인가격을 작성·게시하여 판매하고, 백화점이 이를 취합하여 소비자들에게 광고를 한 사건(백화점거짓세일판매사건)에서 대법원은 소비자에 대한 광고가 '거래에 있어서 중요한 사항에 관하여 신의성실의무에 비추어 비난받을 정도의 방법으로 허위로 고지'한 경우에는 기망행위가 된다고 판시한 바 있다(大判 91도2944). 이 판결은 대법원이 '시장에 대한 기망도 사기죄가 성립할 수 있다'는 입장을 취한 듯한 인상과 오해를 불러일으킨다. 그러나 모든 시민들을 대상으로 한 백화점의 광고는 거대한 규모의 불특정한 일반시민들의 의사결정의 자유를 구체적으로 침해하는 것이 아니므로 사기죄의 "사람을" 표지를 충족할 수 없다. 백화점의 광고를 보았든 보지 않았든 마찬가지이다. 이 사건에서 백화점이 소비자 일반에게 한 광고는 이 사건 이후인 1999년에 제정·시행된 표시광고법상의 부당표시광고죄(제17조 제1호)에 해당할 뿐이다.

반면에 입점매장의 광고대 작성·게시는 비록 많은 사람들이지만 특정한 사람들, 즉 매장을 방문하여 그 광고대를 읽는 개인들의 의사결정의 자유를 침해할 수 있으므로 "사람을 기망하여"의 사람에 해당한다. 물론 입점매장뿐만 아니라 백화점이 직영매장을 운영하면서 거짓세일 광고대를 설치·게시하여 그 매장에 찾아온 백화점의 내방고객이 보게 한 경우에도 "사람을" 표지는 충족된다. 그러므로 거짓세일사건의 피해자는 백화점 광고를 본 시민들 전체가 아니라 백화점 내 매장을 방문하여 광고대를 보고 옷을 구매한 고객들에[3] 한정되어야 한다. 이때 개인적 법익의 범죄로서 사기죄는 입점매장을 방문하여 거짓세일가격표를 보고 구매결정을 한 고객의 수만큼 많이 성립하지만, 영업범으로서 포괄일죄가 된다.

시장의 불특정 다수인은 기망할 사람이 될 수 없다

코인 불공정거래행위가 거짓·부실정보를 알리는 상대방은 특정개인이나 특정한 집단이 아니라 코인거래소에서 익명으로 거래하는 수많은 불특정 다수인(zahlmäßige unbestimmte Personenkreise)이다.[4] 물론 불특정한 다수의 절대적 크기는 정할 수 없다. 하지만 불특정한 다수의 개인들이 코인거래소에 입장하여 거래소가 제공하는 트레이딩시스템을 이용하여 익명의 자동화된 경쟁매매의 방식으로 코인의 매도와 매수를 거듭하면 코인유통시장이 형성된다. 이처럼 유통시장을 형성하는 불특정 다수인에 대한 사기는 '개인적 법익'인 재산에 대한 범죄가 아니라 '보편적 법익'인 시장의 공정한 기능에 대한 범죄가 된다. 이처럼 범죄의 불법구조가 변화하게 되면 의사결정의 자유에 대한 침해가능성은 사라지고 사기죄의 "사람을" 표지는 충족할 수 없게 된다. 그 이유를

3 '공익소송'으로 표방하면서 공동소송의 형태로 진행된 백화점에 대한 손해배상(민법 제751조) 소송에서도 대법원은 피고 백화점의 상고를 기각하고 백화점의 대대적인 변칙세일광고가 기망행위에 해당함을 인정하였는데(大判 92다52665), 그 소송의 원고는 상품을 구매한 소비자 52인에 국한되었었다.

4 시장사기의 일종인 독일형법상 자본투자사기(Kapitalanlagebetrug §264a StGG)의 해석에서도 투자유인설명은 개인에 대해서가 아니라(Ausschluß der Individualtäuschung) 대규모의 투자자들에게 이루어져야 한다고 본다(Klaus Tiedemann, Wirtschafttsbetrug, de Gruyter, 1999, 81쪽). 이 점을 반대해석하면 사기죄의 실행행위로서 기망은 사람이 아니라 대규모의 투자자를 속이는 방식으로는 성립할 수 없음을 알 수 있다.

사안 ⓐ의 예를 놓고 설명해보자.

> **사안** ⓐ: A는 2020. 12. Po코인을 10억 개 발행하여 BTC를 리워드로 지급하는 코인플랫폼사업을 할 회사의 대표 B에게 1억원 상당의 USDT를 지급하고, B는 A와 협의하여 2021. 2. Po코인을 거래소에 상장하면서 백서에 플랫폼 사업 계획을 기재하였고, 실제로 사업에 참여하지 않은 지인을 CTO로 기재하였다. A는 자전거래, 통정거래 등을 반복하는 조직을 운영하여 시장조성과 시세조작을 한 후 2021. 2.~3. 총발행량의 55%를 코인당 53원에 매도하였다. 2021. 10. A는 USDT 20만개를 UYS캐피탈의 지갑에 입고하고 UYS는 곧바로 USDT를 코인사업회사의 지갑으로 전량 출고하고, 2억개의 Po코인을 입고 받고 곧바로 전량 A의 지갑으로 출고하였으며, 코인사업회사는 USDT를 A의 지갑으로 전량 출고하고 A로부터 Po코인을 전량 입고받았다. A는 B로 하여금 2021. 7. (4천만원의 외주로) 플랫폼 앱을 개발하게 하고, 직원수를 (2명에서 10명으로) 부풀린 자료를 거래소에 제출하였으며, 2021. 10. UYS의 투자 유치 등으로 플랫폼사업이 정상적으로 진행되고 있다는 내용을 쟁글에 게시하였다. 2022. 3.~4. A는 남은 코인 전량을 코인당 4원에 매도하였다. B는 2022. 4. A에게서 이익을 배당받은 후 플랫폼사업을 중단하였고, Po코인은 2022. 7. 상장 폐지되었으며. 2022. 10. 코인사업회사도 폐업하였다.

첫째, 사안 ⓐ에서 백서(Whitepaper 공식보고서)에 기재된 CTO가 실제로 사업에 참여한 사람인지, 아직 참여하지 않은 사람인지, 플랫폼사업이 정말 성공적으로 수행될 것인지 등(예: 백서내용의 진위)에 관해 대부분의 코인 투자자들은 굳이 알려고 하지 않는다. 코인 투자자의 인식관심(Erkenntnisinteresse)[5]에 들어오지 않는다는 것이다. 그들의 인

5 이는 하버마스가 J. Habermas, Technik und Wissenschaft als Ideologie, Suhrkamp, 1968에서 정립한 비판철학적 개념이다. 근본의미는 epistemic interest(인식틀에 내재된 관심)나 interest in knowledge(알려고 하는 관심)라는 일상언어에도 내재하는 것

식관심은 '싸게 사서 수백배, 수천배 이상 비싸게 파는' 차익실현의 목표에 쏠려 있다. 이런 현상은 투기적 모험거래인인 코인 투자자들이 소음거래자 이론에서 말하는 소음거래자(noise trader)의 완벽한 전형임을 말해 준다.

둘째, 코인거래소의 차트와 시세, 거래량 같은 공식적인 시장공시정보나 인터넷매체(예: 코인사업회사 홈피, 백서아카이브, 포털(예: hash.kr), 인터넷기사, 유튜브방송)의 보도 같은 시장공지정보들은 투자자의 인식관심에 들어올 수 있고, 투자자가 실제로 인식하기도 한다. 하지만 코인투자자들은 이런 정보들을 각자의 믿음과 느낌(personal beliefs or feelings)에 따라, 주체적으로 해석하여 주관적인 기대치에 달하는 수익가능성을 추상적으로 판단하는 데에 사용할 뿐이다. 법개념으로 표현하면 그런 투자정보들은 거래의 동기를 형성하는 요소라고 말할 수 있다. 투자자의 매수 또는 매도의 의사결정은 그런 가능성과 수많은 다른 요소들을 종합하고 비교형량을 한 뒤에 내리게 된다.

셋째, 그런 의사결정에서 실제적으로 코인매수의 의사형성요소가 될 수 있는 정보는 불특정 다수인, 즉 누구나 접근 가능한 시장정보가 아니라 비록 많은 수의 사람일지라도 특정한 사람들(예: 리딩방, 텔레그램, 카톡 단톡방에 입장한 사람들)[6]만 접근가능한 정보일 뿐이다. 이에 대한 근본적인 이유는, 주식처럼 합리적 분석이 가능한 펀더멘탈이 전혀 없는 코인시장에서는 비합리적인 투기적 모험거래를 할 수밖에 없고, 유통되는 정보의 질과 양이 주식시장에 비해 현저히 부족해서 불특정 다수인에게 널리 알려진 빈곤한 시장정보만으로는 남들과 다른 초과수

이어서 '알려고 하는 관심'보다 '인식관심'이란 번역어가 적절하다.

6 이러한 미디어는 시장에 정보를 일방적으로 공지하는 인터넷매체들(홈페이지, 인터넷기사, 유튜브방송)과 달리 방을 연 사람이 방에 입장한 사람들과 직접 접촉하고, 쌍방향으로 소통하는 상황을 만든다. 이렇게 다수의 사람들이 쌍방향으로 소통하는 방식으로 허위사실을 알려주는 것은 시장공지가 아니라 특정한 사람들에게 알려주는 것이 된다.

익(Excess Returns)을 얻기 어렵다고 생각하기 때문이다.

넷째, 특정한 사람들만 접근 가능한 정보를 사용하여 거래하는 코인 투자자들도 최종 매수의사결정을 할 때에는 마치 복권뽑기를 할 때처럼, 여전히 철저히 비합리적인 희망에 의존한다. 이 비합리적인 희망이란 '돈의 복사'[7]가 자신의 코인구매에 일어나기를 바라는 강력한 욕망이다. 이 욕망은 코인투자자들의 커뮤니티에서 손실이 발생할 것 같은 상황이 되면 속칭 '구조대'라 불리는 세력의 출동을 기대하는 현상으로 나타나기도 한다.

이상의 네 가지 이유에서 볼 때 코인사업회사가 코인시장의 대규모의 불특정 다수인들에게 거짓·부실정보를 밀어 넣는다는 것, 이른바 시장사기(fraud on market)는 합리적 의사결정의 자유가 보호되어야 하는 "사람을 기망"하는 행위가 될 수 없다.

그러므로 가령 코인 상장백서에 CTO를 허위기재하는 행위(사안 ⓐ)도 특정한 거래인(사람)을 기망하여 그의 '재산'을 구체적으로 침해하는 것이 아니라 기껏해야 진실정보에 대한 시장의 기대를 저버리는 행위일 뿐이다. 쟁글과 같은 인터넷매체에 사업현황을 (과장하여 심지어 거짓으로) 설명하는 행위(사안 ⓐ)도 마찬가지이다. 그런 행위를 통제하는 법은 개인적 법익인 재산을 보호하는 사기죄가 아니라 보편적 법익인 코인시장의 기능(공정한 경쟁매매의 보장)을 보호하는 가상자산법(제10조 제4항 제1호와 제2호 및 제19조 제2항 제4호)의 코인 불공정거래죄이다.[8] 다만 리딩방에 들어온 투자자들에서 사업진행현황을 설명하는 행위는

---

7 노력이나 생산활동 없이 원금 대비 아주 많은 돈을 벌고, 에어드랍(Airdrop) 등으로 코인투자자에게 돈이 무상으로 새로 생기기도 하는 현상을 두고 코인투자자들은 마치 돈이 복사되는 것 같다는 느낌들을 갖는다고 한다. "돈 복사되는데 왜 힘들게 살아"(아시아경제, 2024.3.15.자 기사), "알바 왜 해, 바보야? 돈이 복사되는데"(헤럴드경제, 2024.3.15.자 기사) 등 참조.

8 코인불공정거래행위가 코인을 디지털상품으로 판매하는 **전자상거래**에 해당한다고 볼 수 있는 경우(사안 ⓑ)에는 시장의 불특정 다수인에게 과장·허위 또는 기만적인 방법으로 설명하는 행위에 의한 부당표시광고죄(표시광고법 제17조 제1호)가 성립할 가능성이 있다.

많은 수의, 그러나 특정한 "사람"(들)에게 설명하는 것이 된다. 따라서 그 설명이 중대한 허위사실인 투자정보를 담고 있는 경우에는 "사람을 기망"한 행위가 될 수 있다.

코인거래소의 다기능, '사람을' 표지의 충족에 법적 장애가 되다

코인시장을 형성하는 불특정 다수의 투자자가 사기죄의 행위객체인 "사람을"에 해당할 수 없는 다른 이유는 각종 코인사업회사와 투자자들에게 코인유통시장을 구축해주는 코인거래소의 법적 지위와 역할에서 찾을 수 있다. 코인거래소의 법적 지위와 역할을 이해해보면 코인매도인이 특정 코인매수인, 즉 "사람을 기망"할 법적 지위에 있지 않다는 점이 밝혀진다. 먼저 코인거래소의 법적 지위와 역할을 증권거래소인 한국거래소의 그것과 비교·분석할 필요가 있다.

현재 한국거래소(KRX)는 증권의 매도인과 매수인을 익명으로 처리하고 자동화된 시스템으로 증권거래를 체결시키는 인프라를 제공하고(체결인프라 기능), 전체증권 및 종목별·회원별 차감(netting)을 하여 결제내역을 확정하며(청산기능[9]), 그 결제내역의 이행을 회원사(증권사)에게 (한국거래소의 실무에서는 면책적 채무인수의 방식으로)[10] 보증하면서,

---

9 이 청산기능은 현재 한국거래소(KRX) 내에 2021. 4. 설치된 '청산결제본부'(CCP, Central Counter－Party)에서 함께 하고 있지만, 증권시장이 더욱 발전하면 미국처럼 거래소와 별개의 법인이 할 가능성이 높다.

10 이 결제이행의 보증과 관련하여 한국거래소는 실무적으로, 거래소가 제공한 익명·자동화된 체결시스템으로 거래를 한 회원사들 사이에 일단 민법상의 채권·채무가 발생한다고 **의제**하고, 민법 제453조～제459조에 근거하는 **면책적 채무인수**의 방식으로 그 결제이행을 보증한다. 이 면책적 채무인수의 과정을 요약하면, 한국거래소는 ① 거래상대 회원(증권사) 간에 발생하는 채무관계를 확인하고, ② 회원이 상대방 회원에게 부담하는 채무를 인수하여(채무인수계약체결), ③ 기존 회원을 그 채무에서 면책시키고, ④ 스스로 새로운 채무자가 되어 동일한 채무를 부담한 후 ⑤ 확정된 결제내역을 회원 및 결제 상대방에게 통지한다는 것이다. 또한 이러한 한국거래소의 면책적 채무인수로 인해 회원(증권사) 간 채무관계가 재조정되는데, 이를 **경개**라고 부르기도 한다. 그러나 민법의 법리로만 보면 경개로 보기는 어렵다. 면책적 채무인수는 동일성이 유지되는 기존의 채무에서 채무자를 교체하는 것인 반면, 경개(민법 제500조～제505조)는 구 채무가 소멸하고 동일성이 없는 신 채무가 발생하는 것이기 때문이다.

증권의 체결정보를 증권결제기관인 한국예탁결제원(KSD)으로 전달한다. 그러면 전자증권등록(및 혼장임치) 기관인 한국예탁결제원은 그렇게 전달받은 체결정보에 따라 증권의 소유권을 발생 또는 이전시키는 결제기능(전자증권등록관리기능)을 수행한다. 한국예탁결제원이 매매체결일로부터+2일 뒤 전자등록계좌부에 전자등록을 하면 권리보유를 추정하는 효력이 발생하고(전자증권법[11] 제35조 제1항), 계좌간 대체의 전자등록을 하면 주식양도의 효력이 발생한다(제35조 제2항).[12] 이처럼 한국거래소는 주식매매계약의 당사자이거나 대리인이 아니다. 주식의 매도와 매수는 모두 증권사(계좌관리기관)의 위탁매매를 통해 이루어진다. 증권사(자본시장법 제8조)는 고객의 위탁계좌에 예탁된 증권에 대해 예탁자와 공동지분(자본시장법 제312조 제1항)과 처분권을 가지면서, 매도주문과 매수주문을 거래소에 호가제출하여 체결시킴으로써, 매도인에게는 매각대금을 취득할 권리를, 매수인에게는 증권의 소유권을 취득할 기대권을 갖게 한다. 이 점은 소유권을 위탁자에게 귀속시키는(상법 제103조) 상법상의 위탁매매계약(상법 제7장)과 다르다. 이처럼 주식 매매는 위탁자의 계산으로 이루어지지만, 주식매매계약의 법적 당사자는 어디까지나 증권사이다. 증권사가 고객(증권예탁자)과 통상 맺는 계약은 이러한 위탁매매계약을 넘어서 고객의 증권을 신탁·보관하고 해외증권

私見으로는 마트나 온라인 전자상거래 플랫폼에서 만나는 상품판매자와 소비자인 것처럼 '익명의 자동화된 증권경쟁매매'에 참여한 회원(증권사)들을 **민법상 매매계약의 당사자와 동일시하고, 익명의 자동화된 매매체결을 특정 당사자들간의 채권·채무를 발생시키는 민법상 매매계약으로 의제**한 다음, 다시 민법상 면책적 채무인수나 경개의 법리로 체결내용을 이행한다고 보는 식의 법리구성은 익명의 자동화된 증권경쟁매매체계에서 필요하지도 않고 타당하지도 않다. 한국거래소는 익명의 자동화된 경쟁매매에 참여하는 **회원(증권사)들과 계약관계**를 맺는다고 보는 것으로 충분하다. 이 계약관계에서 한국거래소의 채무의 주된 급부는 익명의 자동화된 증권거래에서 청산까지 완료한 체결정보를 한국예탁결제원에 전달하는 것이고, 회원사의 주된 급부는 거래수수료를 지급하는 것이다. 그 밖에 거래소와 증권사들은 거래질서 유지, 시장감시 등을 위한 여러 가지 의무들을 부담한다.

11 전자증권법은 '주식·사채 등의 전자등록에 관한 법률'의 약칭이다.

12 증권의 소유권은 매매체결내역에 대한 결제원의 결제완료에 의해 매수인에게 이전된다는 大判 2016두33629 참조.

의 매매를 포함한 증권거래의 전 과정을 관리하는 커스터디(custody)계약이기도 하다. 가령 증권사는 주식의 매매체결 후+2일의 결제일까지 증권을 보관·결제·청산을 대행하고 거래증거금(증권사 재산)으로 결제 이행을 보증하며, 거래가 완료한 뒤에는 투자자를 대신하여 권리행사(배당, 의결권 행사, 손해배상청구 등)를 대리하기도 한다.

코인거래도 주식거래처럼 경쟁매매로 이루어지지만, 주식거래와 달리 매우 많은 사기업 거래소에서 이루어진다(시장구조의 분산성). 코인시장은 증권거래소의 체결인프라기능과 청산기능(결제내역확정), 예탁결제원의 결제기능(전자증권등록관리기능), 증권사의 위탁매매기능과 커스터디안기능과 같은 기능의 분화가 아직 일어나지 않았다. 하나의 코인거래소가 주식시장에서 거래소, 예탁결제원, 증권사가 하는 기능들을 분화되지 않은 채 모두 수행한다. 이 미분화된 다기능을 좀더 들여다보자. 코인거래소는 코인거래의 체결인프라를 제공하고 종목별·회원별 차감(상계)을 통해 결제내역을 확정하며(체결인프라기능, 청산기능[13]), 코인 매도인이 예탁한 코인의 개인 암호키(private key)로써 코인을 점유·관리하고, 전자적으로 코인에 대한 모든 권리를 행사하고 이전시키며(예탁결제기능), 거래소의 거래약관에 따라 고객으로 들어온 매도인과 매수인의 익명으로 처리된 매도주문(blind ask)과 매수주문(blind bid)을 API와 연동된 서버프로그램을 통해 '자동화'된 방식으로 매칭시켜 매매체결을 하고, 그 결과로 매도인에게는 매각대금을 청구할 수 있는 권리를, 매수인에게는 코인의 소유권을 (매수인의 개인 전자지갑에 옮기고

13 코인거래소는 한국거래소의 중앙청산기능(CCP)과 같이 채권·채무의 중앙집중 정산, 최종결제 보장, 파산시 손실분담 등의 기능을 수행하지 않는다. 코인거래소는 익명의 자동적 매매체결 후 실시간으로 개별 거래자의 계정(예탁금) 잔액 및 포지션 관리를 하면서, 거래자의 포지션이 손실로 인해 유지 증거금 이하로 떨어지게 되는 경우 해당 포지션을 강제로 종료시킨다. 코인거래소의 청산기능이란 이와 같은 자동 강제 청산(Liquidation)을 말한다. 하지만 코인거래소는 현실에서는 CCP와 부분적으로 유사한 기능을 하기도 한다. 가령 어떤 코인이 거래 시작 후 10여 분 만에 유동성 부족으로 코인가격이 폭락한 경우에 피해를 본 투자자들이 수익을 올린 매도인이 아니라 코인거래소에게 보상을 요구하고, 거래소가 이를 수용하기도 한다.

개인 암호를 생성하는 방법으로) 취득할 수 있는 채권적 권리를 갖게 한다(위탁매매기능). 또한 코인거래소는 코인 스테이킹(Staking), 해외거래소 코인이체, 코인대여, 코인투자교육 등 신탁적인 보관·관리 서비스를 한다(Custodian기능). 코인거래소의 이렇게 많은 미분화된 다기능을 고려해보면 다음 세 가지 법리가 코인거래의 사기죄 판단에서 유의미한 요소가 될 수 있을 것이다.

첫째, 코인거래소의 미분화된 다기능(체결인프라, 청산, 예탁결제, 위탁매매, 커스터디안의 기능)을 고려할 때, 개인 전자지갑에서 코인거래소의 전자지갑으로 예탁보관된 후 다시 개인의 전자지갑으로 인출되지 않은 상태의 코인은 거래소가 단독으로 소유한다고 보아야 한다.[14] 이런 소유권 법리는 현재의 기술적 상태와 사회적 관행에 의해서도 뒷받침된다. 즉, 코인의 소유는 난수 생성 과정과 해시·암호 알고리즘을 포함하는 복잡한 구조를 가진 개인 암호키에 의해 증명되고, 코인의 소유에 필요한 점유도 암호키의 소유에 의해 인정되며, 코인의 소유권 행사 역시 그 암호키를 통해 매매에 서명함으로써만 가능하다(기술적 상태). 더 나아가 정당한 권원의 유무와 상관없이 코인 자산의 신대륙에서는 그 코인이 보관된 블록체인 주소에 대한 개인 암호키를 점유한 자가 진정한 소유자이고, 아무리 정당한 권원이 있다고 주장해도 그 개인 암호키를 점유하지 못하면 결코 코인의 소유자가 아니라는 사회적 인식이 널리 퍼져 있다.

둘째, 주식시장에서 발행시장(primary market)과 유통시장(secondary market)의 분화와 발전, 이를 반영하고 선도하는 법제도의 발전을 통해

14 이와 관련하여 주목할만한 점이 있다. 코인거래소는 한국거래소의 실무처럼 회원(증권사)에게 결제이행을 보증하는, 회원에 대한 **면책적 채무인수**나 '회원(증권사) 간의 사실상의 **경개**(민법 제500조~제505조) 등과 같은 **의제된 민법적 처리** 기능을 하지 않는다. 코인거래소는 코인의 단독 소유자로서 익명의 자동화된 코인매매로 직접 채권자(코인매수인에 대한 대금채권자) 또는 채무자(코인매도인에 대금채무자)가 되어 그 채권을 추심하고, 채무를 이행하면 되기 때문이다.

두 시장의 구분이 갖는 다양한 법적 효과[15]가 코인거래의 사기죄 판단에서는 똑같은 정도로 작동하기 어렵다는 점이다. 가령 사기적 요소가 있는 주식거래행위가 유통시장에서 이루어진 경우, 그 점만으로도 사기죄 혐의에 대해 튼튼한 방호벽이 쳐진다고 할 수 있지만, 코인시장에서는 그렇지가 않다. 이는 바로 코인시장의 미분화된 다기능 때문이다. 현재 코인시장에서는 주식발생시장의 중심적 행위자인 증권사의 기능과 주식유통시장의 중심적 행위자인 한국거래소의 기능이 코인거래소에 의해 혼합적으로 수행되고 있다. 물론 코인거래소에 상장되어 거래되는 코인시장을 코인유통시장, 코인을 발행하였지만 거래소에 상장하지 않은 상태에서 코인을 거래하는 시장을 발행시장이라고 부를 수는 있다. 하지만 이는 코인시장의 기능적 분화가 자본시장만큼 성숙해진 미래의 과거, 즉 전미래시제(le future antétieur)로서만 가능한 호칭이다. 따라서 현재 시점에서만 보면 코인거래소에 상장되어 거래되는 코인시장은 '생성 중인 유통시장'이라고 부르는 것이 가장 적절하다. 그런 시장의 특성은 사기죄 혐의에 대한 방호벽이 되어줄 수는 없다. 하지만 개별사안에 대한 사기죄의 요건심사에서는 생성 중인 유통시장의 특성도 적절하게 고려될 수 있어야 한다.

셋째, 코인거래소는 코인사업회사와의 관계에서는 상장심사, 기술지원, 홍보 외에도 법적으로는 거래소의 기능 밖의 일이지만 거래지원계약을 맺어 코인매매의 활성화를 '사실상' 지원하기도 한다. 거래소는 코인재단으로부터 거래지원비와 거래지원보증금을 (일종의 포괄적 수수료로) 받아 심사비와 상장유지보증 예탁금으로 운영하고, 상장심의위원회는 상장심사의 대상으로 삼을 코인을 엑셀러레이터(Accelerator)로부터 추천받거나 유동성공급자(LP)와 계약을 맺어 가격 호가유지와 스프레드 축소를 통한 유동성관리를 하기도 하며, 더 나아가 엑셀러레이터

15 두 시장의 구분이 낳는 다양한 법적 효과의 차이를 자본시장에서 부실감사행위를 예로 설명하는 이상돈, 부실감사법, 법문사 2007, 232, 348쪽 아래 참조.

가 하는 시장조성(market making)에 대해서도 시장조성지원프로그램의 범위 내에서 인센티브(예: 수수료혜택 등)를 제공해주기도 한다.

여기서 엑셀러레이터는 코인플랫폼사업을 위한 펀드레이징(벤처캐피탈 VC과 유사한 역할),[16] 코인시장조성(Market Making), 코인매각이익의 분배 등을 총괄하는 사람을 말한다. 엑셀러레이터의 매매는 코인거래를 활성화하기 위해 상당한 거래량이나 거래가격의 유지를 목적으로 하는 시장조성행위이면서, 때때로 그리고 종국에는 개인적 투자수익을 목적으로 하는 사적 거래(trading)가 된다. 엑셀러레이터는 시장조성을 위해 지정가주문을 한 매도가 체결되지 않으면 다시 매수하는 자전거래나 통정거래, 더 나아가 시세조작거래(가상자산법 제10조 제2조 제1,2호, 제3조)를 하기도 한다. 이로써 코인 불공정거래행위와 시장조성의 매매 사이의 경계가 불분명해진다. 그런데 어떤 방식으로든 매매를 활성화하여 코인의 교환가치를 생성시키고 유통성을 증가시키지 않고는 그 자체로서 실질가치가 0인 코인(특히 유틸리티 토큰)의 거래시장은 성립할 수 없는 것이기 때문에[17] 주식시장에서 인정되는 시장조성행위(자본시장법 제176조 제3항 제2호)는 코인시장에 더욱 절실히 필요한 것이다. 하지만 코인시장 조성행위는 시세조작행위와 외관으로 구별하기 매우 어렵고, 일정한 요건에서 이를 허용하는 법도 아직 제정되어 있지 않다. 이처럼 혼돈의 질서 속에서 구축되고 있음에도 불구하고 코

---

16 코인의 양도차익 과세는 현재 이루어지고 있지 않다. 엑셀러레이터인지 단순한 코인투자자인지는, 가령 신고된 소득액을 많이 초과하는 부동산을 취득한 경우 실시하는 증여세 부과 목적의 자금출처조사와, 취득한 소득이 신고된 소득액보다 과다한 경우 실시하는 소득세 부과 목적의 세무조사 등 과세조사의 공통된 절차인 조사대상자(납세자)를 선정 및 통지하는 과정(국세기본법 제81조의6 제4항)에서 판단된다. 국세청은 대체로 조직성, 반복성, 사업성의 형태를 띠고, 코인 발행·프로젝트 육성, 투자유치 등 스타트업 액셀러레이터와 유사한 역할을 하는 자를 단순 투자자와 구분하여 코인 엑셀러레이터로 바라본다.

17 가령 2020년 B코인이 B거래소에 상장 직후 유동성 공급 없이 매각만 하여 30시간 반등 없이 8원에서 0.9원으로 하락만 하였고, 공개된 유통계획에 위반하는 초과물량이 유통되고, 고객보호 없이 대량 매도하여 발생한 고객손해를 B 거래소가 보상한 바 있다.

인시장은 코인거래소에게는 수수료이익을,[18] 코인재단과 코인사업회사에게는 판매와 사업이익을, 개인투자자에게는 자산을 빠르게 증가시킬 기회의 땅을 가져다주는 3중의 기능을 하고 있다.

이상에서 설명한 코인거래소의 미분화된 다기능은 코인거래소에서 하는 코인 불공정거래가 시장사기를 넘어서 "사람을 기망"하는 행위가 되는데 법적 장애가 된다. 그 이유를 설명해보자. 첫째, 코인사업회사·매도인과 불특정 다수의 일반투자자(매수자)는 경쟁매매에 참여자일 뿐 매도인과 매수인 간의 매매계약관계에 직접 들어가지 못한다. 바꿔 말해 코인 매수인은 매도인의 거래상대방(counterparty)이 되지 않는다. 매도인이든 매수인이든 법적 의미의 거래상대방은 한국거래소의 CCP (Central Counter-Party)의 부분적이고 불완전한 유사기능을 수행하는 코인거래소이다. 하지만 사기죄는 절도처럼 일방적 행위로 피해를 주는 범죄가 아니라 거래인들(매도인과 매수인) 사이의 의사소통과 상호작용 속에서 신뢰배반적인 기망으로만 성립하는 범죄, 즉 상호작용범죄(Interaktionsdelikt) 또는 의사소통적 범죄(kommunikatives Delikt)[19]라고 불리는 범죄이다. 따라서 상호작용과 의사소통을 서로 전혀 하지 않는 거래소의 경쟁매매시장에 참여하는 코인매도인과 매수인은 처음부터 사기죄의 보호영역(Schutzbereich) 또는 규범영역(Normbereich) 안으로 들어갈 수 없는 것이다.[20]

---

18 이 점은 최근 네이버파이낸셜과 합병을 논의 중인 두나무(주)가 코인거래소 빗썸의 운영으로 2024년도에 올린 거래수수료는 전체 매출액인 약 1.7조원의 98%를 차지하고 있다고 한다.

19 사기죄의 의사소통적 범죄성(Betrug als Kommunikationsdelikt)에 대해 자세히는 Laura Mayer Lux, Die konkludente Täuschung beim Betrug, Die konkludente Täuschung beim Betrug, V&R unipress GmbH, 2013, 제1장.

20 미국의 유명한 리플랩스(주) 판결(2023. 7. 13. SEC v. Ripple Labs Inc.)도 이런 해석과 매우 유사하다. 이 판결에 의하면 리플랩스(주)가 XRP토큰을 기관투자자에게 판매한 것은 증권판매에 해당하지만, 공개시장에서 프로그램 매각은 익명화된 자동체결판매방식으로 인해 '특정한 사람 또는 단체의 노력으로 수익이 발생한다는 합리적 기대'를 충족할 수 없고, 따라서 투자계약이 아니다.

둘째, 코인거래소의 미분화된 다기능은 매도인과 매수인 사이의 중개기능으로 환원될 수 없기 때문에 코인 매도인은 매수인에 대해 거래소의 중개기능을 활용하는 기망을 한다고 볼 수 없다.[21] 물론 여기서는 거래소가 생성 중인 유통시장으로 기능하는 경우를 말하고, IEO(Initial Exchange Offering) 구조처럼 거래소가 코인사업회사와 투자자 사이에서 명확히 중개인으로서 역할하는 경우는 제외한다.

셋째, 주식 매도인이 주식을 증권사에 위탁한 후에도 여전히 공동지분을 갖는 주식과 달리, 코인은 매도인이 거래소에 위탁하면[22] 소유권이 거래소로 완전히 넘어가고 공동지분도 전혀 갖지 않기 때문에 매도인은 법논리적으로는 코인거래소를 매도대리인으로 삼을 수 없다. 따라서 코인거래소는 매도인을 제3자를 삼고 그를 위하여, 코인을 매수하는 "사람을 기망"하는 행위자, 즉 제3자를 위한 사기죄(제347조 제2항)의 행위주체가 될 수 없다. 따라서 매도인도 거래소와 사기죄의 공동정범은 물론이고 거래소의 제3자를 위한 사기죄의 교사범·종범도 될 수 없다.

시장사기와 시장 안에서의 사람사기는 구별된다

이처럼 "사람을 기망"하는 사기가 될 수 없는 시장사기(fraud on Market)는 코인 시장에 대한 사기이며, 코인 시장 안에서의 사기(fraud in the Market)와는 구분되어야 한다. 당연하게도 특정한 사람에 대한 사기(사람사기)는 코인시장 안에서도 범할 수 있다.[23] 다음 두 사안을

21 IEO 구조에서 코인거래소는 프로젝트의 자금조달 요청을 받고, 코인사업회사가 발행한 코인을 심사 및 검토 후, 자사 회원에게 배포·판매한다.

22 거래소의 미분화된 다기능에 따른 이러한 해석들은 가상자산법 제7조의 "가상자산사업자가 이용자로부터 위탁을 받아"라는 법문언에도 부합한다.

23 IDO와 ICO 방식의 코인판매도 시장 안에서의 사기에 해당한다. IDO(Initial DEX Offering)는 코인사업회사가 탈중앙화 거래소(DEX)를 통해 직접 토큰을 출시하고 거래소의 중개 없이 '스마트 계약과 유동성 풀을 활용해' 투자자에게 직접 토큰을 판매하는 방식을 말한다. IDO로 판매된 토큰은 판매 이후에도 DEX에서 자유롭게 거래된다. ICO(Initial Coin Offering)는 코인사업회사(프로젝트팀이나 개발그룹을 가리키는

'시장 안에서의 사기'의 예로 삼아 시장 안에서의 사기를 설명한다.

첫째, 폰지와 다단계의 판매형태로 코인투자자를 유치하여 판매하는 경우에는 다음의 사안처럼 코인플랫폼사업에 관한 허위정보의 제공도 예외적으로 "사람을 기망"한 경우에 해당할 수 있다.

> **사안** ⓓ: A는 코인을 발행하였지만 아직 거래소에 상장하지 않은 상태에서 지속 불가능한 코인플랫폼사업의 계획을 달성 가능한 것으로 설명하고 높은 수익을 보장하면서 다른 신규투자자(또는 하위판매자)를 계속 모집하여 받은 투자금으로 기존 투자자(또는 상위판매자)에게 수익(이자, 수당)을 지급하는 폰지(ponzi) 방식으로 코인을 판매하였다.

사안 ⓓ에서 코인 매도인은 투자자(특정한 다수의 매수인)들을 직접 접촉하여 그들과 의사소통과 상호작용을 하면서 투자수익의 원천이나 코인플랫폼사업에 관한 허위사실을 알려준 것이다(기망). 또한 그런 사업내용이 코인투자(매수)의 전제조건이 되고 있다(기망과 재산처분의 인과관계). 다만 코인 발행자이자 다단계[24] 판매자(최상위 판매자)는 다음의 신규 투자자(또는 2단계 판매자)와는 기능적 범행지배나 그에 준하는 공모를 근거로 (공모)공동정범이 되는 반면, 그 다음 단계의 신규투자자(또는 3단계 이후 판매자)의 판매에 대해서는 직접 매수인과 접촉하는 경우를 제외하고는 사기교사범이 된다. 이때 발행자는 다단계판매의 설계자인 점, 모든 하위판매자(매수자)들은 자신의 매수로써 코인발행자에게 투자금을 지급한다는 인식을 갖고, 코인을 싸게 사서 비싸게 팔려고 한다는 점을 고려하면, 발행자의 교사는 연쇄교사(Kettenanstiftung)가 아니

경우에는 '코인재단')가 별도의 중개인 개입 없이 중앙화된 플랫폼이나 자체 웹사이트를 통해 직접 투자자에게 토큰을 판매하는 전통적 방식을 말한다. 두 경우 모두 거래소의 개입이 없기 때문에 사기죄의 "사람을" 표지를 충족할 수 있다.

24 대표적인 다단계 판매 코인사기사건으로 서울중앙지방법원 2022. 1. 13. 선고 2020고합953 판결 참조.

라 간접교사(mittelbare Anstiftung)[25]에 해당한다.

둘째, 2021년 특정금융정보법시행령의 개정(제10조의20 제5호)으로 코인거래소(가상자산사업자 및 임직원)가 해당 거래소에서 코인을 거래하는 것이 금지되기 이전에는 다음의 사안처럼 거래소가 가공架空코인을 상장하여 거래하는 경우가 있었다.

> **사안 ⓑ**: C코인거래소의 대표 A는 2018. 1. 차명계정(봇계정)을 여러 개 만들어 실제 보유하지 않은 가상자산과 원화를 보유하고 있는 것처럼 자산보유량 포인트 정보를 거짓으로 입력하고 일반 고객에게 그 가공코인을 매도하면서, 가장매매나 자전거래를 하여 거래 주문량과 체결량을 부풀리고 매매의 성황을 이루게 하는 방법으로 양도차익을 올렸고, 이를 모르고 거래하는 이용자들로부터 거래수수료를 취득하였으며 예탁금의 일부를 무단 인출하여 사용하였다.

사안 ⓑ에서 매매의 전제조건이었던 코인과 원화의 보유라는 중요한 '허위사실'을 투자자들과의 개별접촉을 통해 알리지 않고, 거래소의 전자적인 거래시스템 입력과 작출作出을 통해 투자자들에게 알렸다면, 사람이 아니라 시장(생성 중 유통시장)을 기망한 것이 아닌가 하는 물음이 등장한다. 그러나 코인거래소(대표 A)는 자신이 구축하여 완전한 정보적 지배력을 갖고 있는 코인시장을 디지털상점처럼 이용하여 자신의 가공코인을 디지털상품[26]처럼 파는 것이기 때문에, 그 거래소에 입장하여 그 코인의 트레이딩화면을 보는 사람들을 묵시적 행동(konkludentes Verhalten)[27]으로 기망한다고 볼 수 있다. 거래소가 자신이 지배관리하

---

25 이 구분에 관해서 이상돈, 형법강론, 박영사 2023, 293쪽.

26 코인은 블록체인 기술 기반 위에서 경제적 가치를 지니는 디지털 자산(가상자산)으로서 넓은 의미의 디지털 상품 개념에 포함할 수 있다.

27 묵시적 행동은 적극적인 기망의 한 형태이며, 기망의 '허위사실 고지'에 상응한다. 그러나 의미론적 추론(semantischer Schluss)이 필요하므로, 행동이 어떤 설명력을 가지는지는 묵시적 행동의 구체적 상황을 세밀하게 분석해야 한다는 입장으로 Laura Mayer Lux, Die konkludente Täuschung beim Betrug, Die konkludente Täuschung

는 트레이딩화면에 자산보유량 포인트 등 거짓정보를 띄우고, 고객이 그 정보에 반응하면, 그 반응을 고려하여 가장매매나 자전거래로써 다시 새로운 거래정보를 작출하여 고객에게 되주는 과정의 연속이 바로 묵시적 행동이며, 이는 투자자와 펼치는 일종의 의사소통[28]이자 상호작용이다.

그런데 이와 같은 거래소의 가공코인 판매는 특정 시간대 특정 TV 홈쇼핑 채널의 특정 상품코너에 들어온 시청자들에게 허위사실을 고지(예: 인공재배삼을 산양산삼으로 설명)하여 판매한 사안[29]에 비유할 수 있다. 홈쇼핑 상품판매나 코인거래소의 가공코인 판매는 모두 비대면 전자상거래(OTC)에 의한 상품(물품인 인공재배삼, 디지털상품인 코인) 판매라고 볼 수 있기 때문이다. 즉, 홈쇼핑의 판매자는 특정 홈쇼핑채널에 들어온 특정한 소비자에게, 코인거래소는 자신이 완벽하게 정보적 지배를 하는 트레이딩화면에 들어온 특정한 소비자들에게, 각각 말과 묵시적 행동의 의사소통적 방식으로 상품에 관해 거짓사실을 알리는 기만적인 방법의 전자상거래행위(전자상거래법 제21조 제1항 제1호)[30]를 한 것이다. 그처럼 기만적인 전자상거래 행위로 인하여 소비자가 착오에 빠지고 (디지털)상품을 매수(재산처분)하여 재산상 손해를 입고, 상품판매자가 그 손해와 자료가 동일한(Stoffgleichheit) 재산상 이익을 취득하면 사기죄가 성립하게 된다.

---

beim Betrug, V&R unipress GmbH, 2013, 제1장 참조.

28 Konkludentes Verhalten를 묵시적 행동으로 번역하는 것은 Schlüssiges Verhalten의 오래된 번역을 따른 것이고, 더 정확한 의미번역을 한다면 '암묵적 의사표시 행동'이라고 부를 수 있다. 이런 의미번역은 행동에 의한 의사소통 측면을 잘 보여준다.

29 사기죄를 인정한 大判 2001도5789 참조.

30 전자상거래법은 거짓사실을 알리는(제21조 제1항 제1호) 등의 금지된 전자상거래나 통신판매행위를 직접 형사처벌하지는 않고, 그런 금지행위에 대한 공정거래위원회의 시정조치명령(제32조 제1항 제2호)에 따르지 아니한 자를 3년 이하의 징역 또는 1억원 이하의 벌금에 처하고 있다(제40조 제2호). 금지된 전자상거래행위에 대한 간접적인 행정형벌은 사기죄의 성립요건 중 재산처분으로 인한 손해 및 손해와 자료가 동일한(Stoffgleichheit) 이득의 요건을 충족하지 못하는 전자상거래행위를 대상으로 한다고 볼 수 있다.

그러나 이처럼 “사람을 기망”하는 행위의 다음 단계 요건들(도표 1의 ⑨~⑱ 요건)의 충족에서는 가공코인 사기사건(사안 ⓑ)과 홈쇼핑 사기사건이 차이를 보일 수 있다. 이 차이는 기망행위가 일어난 시장의 차이(가상자산시장 vs 디지털화된 실물시장)에서 비롯된다. 특히 이 차이는 사안 ⓑ에서 거래소의 계획이 가공코인의 불공정거래행위로 양도차익을 올렸거나 투자자들의 가공코인 거래에 따른 수수료의 이익을 취득한 경우에 등장한다. 이에 반해 거래소가 처음부터 고객이 예탁금을 입금하면 곧바로 인출하는 등 편취할 의사였던 경우에는 홈쇼핑 사기사건과 다르지 않게 곧바로 사기죄의 기수가 성립한다. 사안 ⓑ의 모델이 된 실제사건에서 판례도 투자자들이 예탁금 입금한 시점에 사기죄의 기수를 인정한 바 있다.[31] 이는 거래소가 한 가공코인의 기망은 시장사기, 즉 시장에 대한 사기가 아니라 시장 안에서의 사람사기임을 주목한 것이라고 해석할 수 있다.

이와 같은 사안 ⓑ와 달리 사안 ⓐ처럼 코인사업회사가 코인거래소에 상장 백서 등으로 허위사실정보를 제공하는 경우에, 미분화된 다기능을 하는 코인거래소의 트레이딩화면은 코인사업회사가 지배관리하는 디지털상점이 아니라 오롯이 코인의 경쟁매매시장으로만 기능하는 것이다. 그러므로 코인사업회사가 거래소에 백서나 기타 허위내용의 자료를 제출하는 행위는 시장의 불특정 다수인에게 상호작용이나 의사소통 없이 일방적으로 알리는 것이 되어 시장에 대한 기망일 수는 있어도, “사람을 기망”하는 행위가 될 수 없다.

31 이 사안의 모델이 된 실제사건에 대한 판결로 서울고등법원 2019. 7. 23. 선고 2019노396 판결과 이 판결을 확정시킨 大判 2019도11294 참조.

기망의 법리

사기죄가 성립하려면 사람을 "기망"하여야 한다. 기망은 사기죄의 반도덕성을 근거짓는 핵심요소이다. 코인거래행위의 불공정성은 기망과 같은 강한 반도덕성에 훨씬 못 미친다. 그 이유는 무엇이며, 기망행위와 불공정행위는 어떻게 구별되는 것일까? 아래서는 불공정거래행위도 기망의 앞선 요건인 "사람을" 표지를 충족한다고 가정하고 논의한다.

기망은 거래상대방에게 중요한 허위사실을 고지하는 것이다

판례에 의하면 사기죄의 "기망은 널리 재산상의 거래관계에 있어서 서로 지켜야 할 신의와 성실의 의무를 저버리는 모든 적극적 및 소극적 행위로서 사람으로 하여금 착오를 일으키게 하는 것을 말"[1]한다. 이 개념정의는 신뢰의 배반을 기망에 내재하는 요소로 파악하는 점에서는 타당하지만, 원인인 기망 개념을 기망의 결과인 착오에 의해 정의내리는 순환논증의 오류를 범하고 있다. 민법은 의사표시의 취소사유로서 '착오'(제109조)와 '사기·강박'(제110조)을 구분하여 각각 따로 규정함으로써 '기망이 없이 일어나는 착오'와 '기망이 초래하는 착오'를 구분한다. 이에 비해 판례의 위와 같은 기망 개념은 이 둘을 구분하지 못한다.

---

1 大判 91도2994: "사기죄의 본질은 기망에 의한 재물이나 재산상 이익의 취득에 있고, 상대방에게 현실적으로 재산상 손해가 발생함을 그 요건으로 하지 아니하는바, 일반적으로 상품의 선전, 광고에 있어 다소의 과장, 허위가 수반되는 것은 그것이 일반 상거래의 관행과 신의칙에 비추어 시인될 수 있는 한 기망성이 결여된다고 하겠으나 거래에 있어서 중요한 사항에 관하여 구체적 사실을 거래상의 신의성실의 의무에 비추어 비난받을 정도의 방법으로 허위로 고지한 경우에는 과장, 허위광고의 한계를 넘어 사기죄의 기망행위에 해당한다."

그러므로 사기죄의 기망 개념은 착오 개념에 의존하여 정의해서는 안 된다. 순환논증의 오류에서 벗어난 기망의 형법학적 개념은 상대방(사람)에게 (중요한) 허위사실을 고지하는 행위라고 정의할 수 있다. 이때 허위사실은 사실성, 허위성, 중요성이라는 세 가지 의미요소로 구성된다. 이 세 가지를 전부 또는 부분 충족하는 유형은 논리적으로는 도표 6과 같이 7가지이지만, 개인적 법익인 재산에 대한 범죄로서 사기죄의 기망은 도표상의 ①(중요한 허위의 사실), 확장해석을 해도 ①과 ②(허위의 사실)에 해당하는 경우에만 인정하여야 한다. 그런 해석이 근대 형법전(사기죄)의 이성적 기획에 충실한 해석이다.

도표 6.

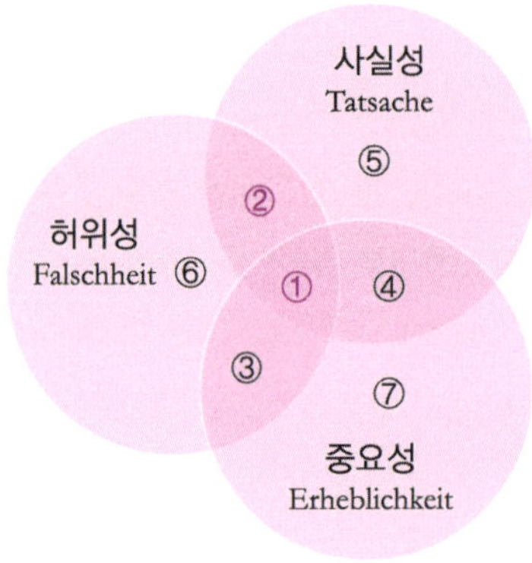

기망은 사실에 대한 것이어야 한다

여기서 사실(Tatsache)[2]이란 진실과 거짓 여부를 객관적으로 판정·확인할 수 있는 사항을 말한다. 사실이 아니면 설령 거짓일지라도 기망이 될 수 없다. 형법적 개념으로서 사실은 명예훼손죄나 공직선거법

2 독일형법 제263조는 "durch Vorspiegelung falscher oder durch Entstehung oder Unterdrückung wahrer Tatschen"라는 문언으로 이 점을 명백히 하고 있다. 우리나라 판례(大判 2005도1991; 2003도7828)도 기망은 "판단의 기초사실에 관한 것"이어야 한다고 본다.

상 허위사실공표죄 등에서 보듯, 가치판단이나 의견표명과의 이분법적 인 대립항 속에서 이해된다. 가령 자신이 발행하는 코인이 밈코인(예: DOGE)으로 유망할 정도의 미학적 매력이나 대중흡입력이 있다는 발언은 가치판단이기 때문에 기망이 될 수 없다. 물론 가치판단이나 의견표명이 '사실의 핵'(Tatsachenkern)을 내포하고 있는 경우에는 기망이 될 수 있다.[3] 예를 들어 어떤 그림을 1억원 정도나 되는 고가품이라고 말하였다면, 그것은 그 그림의 가치에 대한 의견일 뿐만 아니라 그 그림이 적어도 진품이라는 사실을 말하는 것이므로, 그 그림이 진품이 아니었다면 그 말은 기망행위가 된다. 기망은 미래의 불확정적 사실에 대해서도 성립할 수 없다. '미래의 불확정적 사실'을 말하는 것은 곧 미래를 향해 일정한 가치를 설정하면서 미래에 일어날 현실을 예료(anticipation)[4]하는 가치판단이자 의견표명이 되기 때문이다. 가령 다음의 경우는 미래의 불확정적 사실에 관한 말이므로 기망이 성립할 수 없다.

- 코인사업에 관해 향후의 투자자수, 투자참여자의 면면이나 코인의 거래소 상장가능성을 말하는 것
- 코인 리딩방의 운영자가 리딩방에 들어온 투자자들에게 어떤 코인에 대해 고수익을 보장하지 않으면서 시세와 수급이 좋으니까 가격은 반드시 오를 거라고 말하는 것

그러나 미래의 불확정적 사실(예: 미래의 코인투자수익률)이라도 다음의 사안 ⓒ에서처럼 비공개 리딩방에 참여한 투자자들에게 고수익을 보장하는 것은 기망의 '사실' 요건을 충족할 수 있다.

---

3 Thomas Fischer, Strafgesetzbuch, 61. Auflage, Beck 2014, §263 참조.

4 이를 철학용어로는 예료(Antizipation)라고 하는데, 여기서 미래를 예측할 때 가치설정이 개입하는데, 이때 가치는 기대, 감정, 두려움, 희망, 신뢰 등 다양한 것일 수 있다. 이 점에서 미래의 불확정적 사실은 법적 개념으로는 사실이 아니라 가치판단적 의견표명이 되는 것임을 명확히 이해할 수 있다.

사안 ⓒ: A는 비공개 리딩방을 운영하면서 높은 수익(매일 3%)을 보장하고 리딩방에 참여한 투자자들에게 Pf코인에 대해 지속적으로 매도·매수 지시를 게시하였다. 투자자들은 A의 지시에 따른 매도·매수 내역을 공개 인증하면서 매수량의 75%까지만 매도하고, 25%는 보유하는 의무를 부담하였다. A는 투자자가 이 의무를 위반할 경우에 리딩방에서 탈퇴시켰다. A는 Pf코인을 상장한 후 전체 거래량의 84% 이상을 거래하였고, 어느 날 매수 추천을 한 직후 코인이 가격고점에 이르자 대량 매도하였다. 그로써 코인의 가격은 610원에서 100원으로 급락하였다.

여기서 고수익 보장의 의미를 구체화할 필요가 있다. 리딩방에서 운영자가 고수익을 보장하지는 못하지만 특정 코인의 가격이 상승할 거라고 말해도[5] 리딩방의 투자자들은 리딩방의 성격상 그런 전망에는 고수익보장의 함의(connotation)가 있음을 인지한다. 반면 운영자가 노골적으로 고수익을 보장한다고 말해도[6] 그 고수익 보장에는 명시적 의미(denotation)와 달리 투자손실의 위험이 있음을 인지한다. 이처럼 투자자들은 항상 의심의 눈초리를 잃지 않고, 리딩방이 제공하는 정보도 주체적으로 받아들이며 매매 의사결정을 한다. 그렇기에 코인투자의 고수익에 대한 예측과 확약, 전망과 보장은 법적 개념인 의견표명(가치판단)과 사실로 이분할 수 없다.

여기서 리딩방에서 투자를 유인하는 고수익에 관한 말이 의견표명이 아니라 '사실'에 대한 것이 되려면 투자자로 하여금 그런 수익보장을 마치 사실처럼 신뢰하게 만드는 요소가 있어야 한다. 그처럼 고수익 보장의 말이 신뢰를 형성하는 '사실로 기능한다'는 점은 투자자에게

---

5 고수익을 예측하는 말로는 "전망한다", "예상한다", "상승세가 이어질 것이다", "모멘텀이 강하다", "매수 신호가 떴다", "시세가 오를 가능성이 크다" 등의 표현을 들 수 있다.

6 수익 보장을 말로는 "내일 상한가", "손실 걱정 없는 안전한 투자", "손해 본 금액 보상", "3일 안에 50% 수익 보장" 등의 표현을 들 수 있다.

대가를 요구하고, 투자자가 그 요구받은 대가를 제공하는 의사소통과 상호작용으로 나타난다. 그와 같은 대가제공의 예로는 사안 ⓒ처럼 리딩방의 투자자들이 운영자의 코인매매 지시를 따르고 일정량의 코인보유 의무를 이행하는 것이거나, 사안 ⓓ처럼 고수익을 보장하는 폰지형태의 판매자로부터 코인을 직접 매수하고 대금을 지급하는 것을 들 수 있다. 투자자가 이와 같은 대가(급부)를 제공한다는 것은 고수익 보장의 말이 투자자의 매수 의사결정과정에 침투하여 투자자가 그 말을 현재의 사실로 신뢰할만큼 그의 의사결정을 지배했다는 것이다. 그러므로 대가성(또는 대가요구형) 고수익 보장의 말은 비록 미래사실에 대한 예측의 성격을 가지더라도 사실의 핵(Tatsachenkern)을 내포한 것이 된다.

더 나아가 대가성 고수익 보장을 하면서 리딩방에서 매도·매수를 지시하는 것은 시장공시와 달리 특정한 집단(리딩방참여자들)에게 고지한 것이므로 기망의 모든 요소를 충족한다(도표 6의 ①에 해당함). 사안 ⓒ의 모델이 된 실제사건에서 법원[7]도 리딩방의 매수 추천 직후에 코인을 구입한 피해자들에 대해 사기죄를 인정하고 리딩방에 가입되지 않았거나 위와 같은 발행자의 대량 매도 이후에 차트를 보고 산 피해자들에 대해서는 사기죄를 부정한 바 있다.

이에 비해 대가성이 없는 고수익 보장은 예측과 확약, 전망과 보장 사이에 위치하는 의견일 뿐이며, 따라서 기망의 사실 요건을 충족할 수 없다.

코인플랫폼사업 설명이 사실에 대한 것이 될 때

그러면 백서나 인터넷매체로 시장에 알린 코인플랫폼사업의 과장·허위내용은 기망의 구성요소로서 '사실'에 관한 설명이 될 수 있을까?

첫째, 만일 코인플랫폼사업이 코인의 가격에 직접 연관될 수 있다

7 서울중앙지방법원 2022. 11. 17. 선고 2022고합403 판결; 大判 2023도7157.

면, 코인은 증권성을 띠게 되고,[8] 그러면 자본시장법이 적용되어야 한다. 그렇게 되면 코인거래소는 금융위원회의 허가(자본시장법 제373조의2 제1항)를 받지 않은 위법한 시장개설을 한 것이 되고, 코인을 발행·판매하는 재단은 무등록금융투자업을 영위(제17조, 제445조 제1호)한 것이 된다. 또한 구체적인 행위의 형태에 따라서는 무등록증권행위죄, 예를 들어 투자자 유인은 무인가투자중개죄, 불특정 다수의 투자자 유치는 무인가집합투자죄(자본시장법 제11조, 제444조 제1호), 리딩방에서 한 코인매매시점 조언 등은 무인가 유사투자자문죄(제101조 제1항, 제449조 제2항 제6호)가 성립하게 된다. 그러므로 코인은 증권이 아니어야 하고, 여기서 코인플랫폼사업의 계획에 일부 허위사실의 내용이 있어도 그 내용은 코인가격과 연관되지 않아야 하므로(무증권성) 허위사실이 될 수는 없다는 주장을 할 수 있다. 그러나 이런 주장은 코인의 발행·판매가 금융투자업이라거나 증권행위라는 사회적 현상과 인식 그리고 이를 수용한 실정 법률을 근거로 이루어진 것이 아니라 단지 가설적인(hypothetical) 규범적 논증일 뿐이다.[9] 하지만 코인시장에서 코인의 증권성을 인정하거나 코인의 발행·판매를 증권행위로 바라보게 하는 사회적 현실은 아직 없으며 그와 같은 사회적 인식도 없다.

둘째, 가상자산법 제2조("가상자산이란 경제적 가치를 지닌 것으로서 전자적으로 거래 또는 이전될 수 있는 전자적 증표")는 무증권임에도 불구

---

8 코인 플랫폼사업이 코인 가격을 높이는 식으로 연관된다는 것은 타인(코인사업회사)이 하는 노력에 의해 코인투자자(매수자)들에게 수익기대를 가져다줄 수 있게 된다. 이는 Securities and Exchange Commission v. W. J. Howey Co., 328 U.S. 293 (1946)에서 미국 연방대법원이 세운 투자계약의 증권성 판단기준(하위테스트 Howey Test)인 1. 금전의 투자여부, 2. 투자자금의 공동사업 사용, 3. 투자자에게 **수익기대**(expectation of profit)를 줌, 4. 수익이 타인의 노력에 의해 발생에서 1, 3, 4를 충족할 수 있고, 그 점에서 코인은 증권성을 띠게 된다고 말할 수 있다.

9 코인의 무증권성은 코인시장의 현실에서도 확인된다. 코인거래소 상장 및 거래지원계약을 할 때 코인에 증권성이 없다는 '법률의견서'의 제출은 의무사항이다. 또한 상장백서에서도 코인의 매수가 어떤 방식으로든 투자행위가 될 수 없음을 명시적으로 고지한다.

하고 코인의 경제적 가치를 인정하고 있다. 그러므로 코인 사기죄의 요소로서 기망여부를 판단할 때 투자자에게 고지한 허위사실이 코인의 증권성을 생성시키는 사실(예: 주식의 배당금과 유사하게 코인플랫폼사업의 손익을 받을 권리를 투자자에게 부여)에 관한 것인지 아니면 코인의 경제적 가치를 생성시키는 사실에 관한 것인지를 구분하여야 한다. 물론 코인플랫폼사업에 관한 상장 백서의 설명은 사업에 관한 IR 자료가 아니라 코인플랫폼사업의 서비스가 개발되면 토큰이 그 서비스에 사용될 수 있다는 기술적 솔루션(technical solution)에 관한 것이다. 백서들도 대개는 자신의 설명이 (미래의 불확실한 사실에 관한) 어떤 의견이나 약속도 아님을 강조하고 있다.[10] 이 한에서는 백서의 내용은 허위일지라도 '사실'에 해당할 수 없다.

그러나 코인플랫폼사업의 성패는 코인의 상장이 유지될 가능성이나 상장이 폐지되어도 장외에서 거래가 지속될 가능성 등에 영향을 미칠 수 있으므로 코인의 경제적 가치와 완전히 무관한 요소가 아니다. 어떤 투자자들에게는 부수적인 관심사항이 될 수도 있다. 따라서 적어도 상장 후 인터넷매체로 코인플랫폼사업의 현황을 시장에 거짓으로 알리는 것은 코인의 경제적 가치를 판단하는 현재의 사실에 대한 것일 수 있다. 이 가능성은 다음의 세 경우에 따라 다르게 판단할 수 있다.

---

10 이 점은 백서에서 언급된다. 가령 사안 ⓐ의 모델이 된 실제사건에서 백서(A Bitcoin Reward Platform for Loyalty and Trust) 8장 법률 편에는 다음을 명백히 하고 있다: "이 백서는 PO 프로젝트(기술 솔루션)에 대한 설명만을 목적으로 하고 있으며, 어떤 의견이나 약속도 포함하지 않으며, 이 프로젝트의 실현 가능성과 타당성 및 경쟁력 면에서 우리의 최종 목표가 귀하의 기대를 충족시킬 것이라 보장하지 않습니다. 또한 이 백서의 어떠한 내용도 광고 또는 마케팅 간행물로 구성하지 않으며, 관할권 내에 속하는 유가증권을 제공하거나 매입하는 것과 아무 관련이 없습니다." 이처럼 상장 백서는 ① 플랫폼서비스의 개발에 대한 보증을 하지 않음을 명시하고, ② 코인의 매수가 어떤 방식으로든 투자행위가 될 수 없음을 명시적으로 고지한다. 이런 고지를 면책조항(Disclaimer)이라고 부른다. 이 면책조항에서 ① 부분은 백서에서 설명한 사업이 이행되지 않을 경우에 대한 면책조항의 성격이, ② 부분은 거래소가 제공한 정보에 대한 책임을 지지 않는다는 책임부인문의 성격이 강하다.

- 코인사업회사가 백서상 코인플랫폼사업의 계획을 실현하는 노력을 기울이고 있으면서 그 현황을 **과장이나 거짓 없이** 인터넷매체를 통해 시장에 알리는 경우 (설명 1)
- 코인사업회사가 코인플랫폼사업의 현황을 **과장된** 내용으로 인터넷매체를 통해 시장을 알리는 경우 (설명 2)
- 코인사업회사가 백서상 코인플랫폼사업의 계획을 전혀 실행하지 않았으면서 그 사업이 정상적으로 진행되고 있다는 **거짓된** 내용을 인터넷매체를 통해 시장에 알린 경우 (설명 3)

설명 1에서 시장공지는 미래의 불확정적 사실에 대한 것으로서 의견표명에 해당하므로, 그 사업이 미래에 좌초되더라도 기망이 될 수 없다. 이에 반해 설명 3에서 거짓내용의 시장공지는 명확하게 현재의 사실에 대한 것이 된다. 다만 그 사실이 허위의 중요한 사실인지, 특정 개인에게 고지한 것으로 볼 수 있는지는 추가로 검토해야 할 기망 표지의 요건으로 남아 있다.

설명 2에서 과장된 설명은 논란이 될 수 있다. 하지만 과장은 허위처럼 '없는 사실'을 '있는 사실'로 만드는 것이 아니라 '있는 사실'을 부풀리는 평가, 즉 일종의 의견표명이라는 점에서 사실에 대한 것으로 보기 어렵고, 따라서 기망의 표지를 충족할 수 없다.

가령 사안 ⓐ에서 플랫폼앱의 저비용 외주개발(2021.7.)과 사업회사의 부풀린 직원 수(2 → 10명),[11] 그리고 형식적인 해외투자유치(2021. 10.22.) 등의 약한 근거들로 코인플랫폼사업이 정상적으로 진행되고 있다고 쟁글에 공지했다면, 그 공지내용은 '없는 사실'을 '있는 것'처럼 꾸

11 직원 수를 2명에서 10명으로 부풀린 것이 과장된 사실인지 허위사실인지를 판단하는 객관적 기준은 없고, **구체적 사안의 맥락에 들어가 판단**하여야 한다. 가령 사안 ⓐ처럼 거래소의 상장심사기준이 강화되기(2021. 7.) 이전에(2021. 2.) 상장된 코인플랫폼 사업을 수행하는 회사의 경우, 직원의 수는 상장 백서나 기타 제출자료에 '의무적 기재사항'이라거나 중요한 평가요소가 아니었고, 그렇기에 현황을 보고하는 내용임에도 다소 희망적인 미래의 계획까지 써넣을 여지가 있었다면, 그렇게 직원 수를 부풀린 것은 허위사실이라기보다는 과장된 사실로 보는 것이 더 적절하다.

미는 허위사실이 아니라 '있는 사실'을 '부풀리는' 과장된 사실로 볼 수 있다. 이처럼 사항적으로 과장된 사실 외에도 시간적으로 과장된 사실이 있다. 가령 시장에 알린 그 시점에 사업의 적어도 일부(예: 모바일 앱 출시)는 백서에 기재된 '미래이정표'(Future Milestones to Watch)에 맞춰 진행된 반면, 다른 일부(예: 온라인쇼핑몰 파트너사 확보)는 아직 진행되지 않은 경우이다. 이를 두고 사업이 정상적으로 진행되고 있다고 시장에 공지하는 것은 '시간적으로' 과장된 사실을 시장에 알린 것으로 볼 수 있다. 이처럼 사업진행현황에 관한 '사항적으로' 또는 '시간적'으로 과장된 설명은 기망 표지의 '사실' 요건을 충족할 수 없다.

기망은 허위사실을 알려주는 것이어야 한다

기망의 대상사실은 '허위'사실이어야 한다. 허위사실이란 진실(truth)과 거짓(falsehood)의 이분법을 전제로 하여, 거짓사실 또는 진실을 왜곡·은폐하는 사실을 가리킨다. 이에 비해 가상자산법이 처벌하는 코인 불공정거래행위들(예: 시세조작)은 각각 행위 당시에 유효하게 이루어진 매도·매수들이며, 그 자체로(per se) 허위인 사실을 시장에 알리는 행위가 아니다. 그 이유를 살펴보자. 가령 민법은 착오(제109조), 사기나 강박(제110조)에 의한 의사표시를 취소 가능하지만 '유효한 행위'로 정하고 있고, '통정한 허위'의 의사표시(제108조)만을 무효로 정하고 있다. 이런 민법의 법리에 의할 때 코인의 시세를 조종하려는 몇 사람이 통정매매를 하면 무효인지가 문제될 수 있다. 코인의 통정매매는 매매를 서로 소통한 상태, 즉 통정한 의사표시에 의한 매매이긴 하고, 그 목적이나 동기도 가상자산법에서 불법적인 것이긴 하지만, 그 매매의 의사표시는 '진의眞意에 의한' 것, 즉 표시와 일치하는 '진정한 의사'에 의한 것이다. 이처럼 진정한 의사에 따른 유효한 거래행위들이 그때그때 시장의 투자자들에게 알리는 정보(예: 코인의 주문가격, 호가잔량, 거래가격 및 거래량)는 허위사실도 진실한 사실도 아닌 진정한 사실(authentic facts)이라고 부르는 것이 적절하다. 그러므로 시세를 조작하는 등의 불공정거래행위가 창출하여 시장에 제공하는 정보들은 기망 표지의 '허위' 요건을 충족할 수 없다.

물론 이러한 불공정거래행위들과 그것이 표출하는 진정한 사실들이 대량으로 반복적으로 일어나면 코인시장의 기능이 교란되고, 경쟁매매시장인 코인시장의 효율성과 공정성을 해칠 수 있다. 그러나 코인시장의 그와 같은 체계적 왜곡을 방지하고 통제하는 법은 개인적 법익에 대한 범죄인 사기죄가 아니라 가상자산법이다. 또한 이 법에 의해 처벌된다고 해서 그 불공정거래행위가 소급적으로 무효가 되지도 않는다. 이는 근본적으로는 코인 불공정거래행위들이 창출하여 시장에 제공하는 정보가 진실과 허위의 이분법적인 논리의 지평을 넘어서는 것이기 때문이다

불공정거래행위가 창출하는 시장이미지는 허위사실이 아니다

여기서 진실과 허위의 이분법을 넘어선다는 의미를 살펴보자. 불공정거래행위들은 기망행위와 같은 엄격한 개념의 실재적인 반도덕적 행위양태가 아니다. 가령 코인 시세조종죄(제10조 제2항 내지 제5항, 제19조 제1항 제2호 내지 제4호 및 제2항)의 실행행위에서 시장사기적 요소는 수많은 불특정 시장참여자들이 "매매의 성황"이나 "시세의 변동·고정"과 같은 실재하지 않는데도 실재한다고 여기는 시장이미지를 창출하는 데에 있다.

- 특정 코인을 거래소에서 실제로 매매를 반복적으로 지속하는 행위(제10조 제3항)를 하면 매매의 성황이라는 시장이미지가 창출되는데, 이때 매매를 유인할 목적이 있으면 **현실매매에 의한 코인시세조종죄**(제19조 제1항 제3호)가 성립한다.[12]

12 이는 자본시장법 제176조 제2항, 제443조 제1항 제5호의 주가조작죄에 상응한다.

- 통정매도나 통정매수, 거짓매매의 반도덕적 행위들(제10조 제2항)도 (상대적으로 미약하고 부분적일지라도) 매매의 성황이라는 시장이미지를 창출하는 것인데, 이때 시장참여자들이 잘못된 인식과 그릇된 판단을 하게 할 목적이 있으면 **통정·가장매매에 의한 코인시세조종죄**(제19조 제1항 제2호)가 성립한다.[13]

여기서 말하는 '매매의 성황' 등은 일종의 이미지, 즉 시장이미지이다. 이는 가상자산이라고 말할 때의 '가상假想'이 아니라 보드리야르(J. Baudrillard)가 말하는 시뮬라크르(simulacre, 가장假裝)[14]처럼 존재하지 않는 것을[15] 존재하는 것처럼 만드는 이미지, 즉 원본 없는 복제이미지이다. 미키마우스에서 보듯이 사람들은 원본 없는 복제이미지(인공물)를 허상虛像이 아니라 실제로 존재하는 원본처럼 인지하고 판단한다. 그렇기 때문에 이 원본 없는 복제 이미지는 현실과 비현실(복제·가상·상징), 사실과 허구(허위, 가상)의 구분을 넘어서 하이퍼리얼(Hyperreality, 초현실超現實)[16]이 된다.

가령 코인시세조작 등의 불공정거래행위가 창출하는 "매매가 성황을 이루고 있는" 시장이미지는 매매가 성황을 이룬 시장의 현실(원본)이 없지만 단순한 허상이 아니고, 사람들이 그것을 실재처럼 인지하여 매매에 참여하게 되면 실제로 매매가 성황을 이룬 시장현실을 만들어 낸다. 이처럼 원본 없는 복제이미지가 현실에서 실재(reality)로 기능하

13 이는 자본시장법 제176조 제1항, 제443조 제1항 4호의 주가조작죄에 상응한다.

14 Jean Baudrillard, Simulacres et Simulation, 1981 (영문판 Simulacra and Simulation, University of Michigan Press, 1994); 하태환 옮김, 시뮬라시옹: 포스트모던 사회문화론, 민음사 1992, 12쪽 아래 참조.

15 Gilles Deleuze, "Appendix 1: The Simulacrum and Ancient Philosophy", The Logic of Sense, Columbia University Press, 1992, 257쪽에 의하면 시뮬라크르는 실재보다도 더 실재스러워 보이는 재현된 실재, 즉 실재의 반전(Perversion)이라든가, 실재의 흉내(Pretense) 등의 의미로 사용되기도 한다. 그러나 여기서는 보드리야르처럼 재현의 대상이든 흉내의 대상이든 '어떤 실재와도 연관을 맺고 있지 않으면서 실재로 기능하는 이미지를 가리키는 개념으로 사용한다.

16 J. Baudrillard, Simulacra and Simulation, University of Michigan Press, 1994, 2~3, 12~20쪽 참조.

게 되는 과정을 보드리야르는 시뮬라시옹(Simulation)이라고 불렀다. 그러니까 가령 통정매매 등 불공정거래행위는 매매가 성황을 이루는 시장이미지를 창출하여 종국에는 실제로 그런 시장현실을 만들어내는 일종의 시뮬라시옹인 것이다. 이처럼 시뮬라시옹으로서 불공정거래행위는 무엇보다도 다음 다섯 가지 이유에서 사기죄의 기망이 될 수 없다.

- 시뮬라크르로서 시장이미지(예: 매매의 성황)는 허위사실이 아니라 진실과 허위의 구분을 넘어서는 초현실(Hyperreality)이다.
- 시뮬라시옹은 인간의 인지(cognition)를 내부에서 주체적으로 형성하는 과정인 반면, 기망은 인간의 의사(will)와 그 결정의 자유를 외부에서 침해하는 과정이다.
- 시뮬라크르가 인지의 내부적 형성요소라는 점을 법적 용어로 옮겨보면 시뮬라크르는 기껏해야 사람들의 매매 '동기'(motive)를 형성하는 요소일 뿐, 사람들의 매매 '의사결정의 자유'를 침해하는 요소가 아니다.
- 시뮬라시옹은 시간적 선후와 기여도의 차이가 있긴 하지만 코인매매를 하는 모든 시장참여자가 '함께' 하는 것이므로 매매의 성황과 같은 시장이미지의 창출에서 기망자와 피기망자, 가해자와 피해자를 엄격하게 이분하는 것은 불가능하다.
- 시뮬라시옹은 주식시장에서는 이미 구축된 시장을 '활성화'하는 것이지만, 코인시장에서는 시장 자체를 '구축'하는 기능을 한다. 코인은 실질적 내재가치가 영(0)이어서 그 자체로 또는 코인플랫폼사업의 계획 등만으로는 투자자를 끌어들여 시장을 구축하기에 역부족이다. 여기서 코인의 시장조성(market making)과 시장조작(예: 시세조종)은 동전의 양면처럼 분리되지 않는다.

기망이 알려주는 허위사실은 의사형성요소이어야 한다

기망의 대상이 얼핏 허위사실로 보이더라도 자세히 분석해보면 그 진실과 거짓을 구분하여 사실을 인식하는 것이 불확실할 경우가 적지 않다. 이런 인식의 불확실성을 고려할 때 허위사실은 중요한(erheblich) 사실일 필요가 있다. 독일의 지배설에 의하면 기망의 대상인 사실은 "합리적인 재산처분결정에 중요한(entscheidungserheblich für eine rationale Vermögensverfügung)" 것이어야 한다고 본다.[17] 이러한 허위사실의 중요성은 사기죄에서 가해자의 기망과 피해자의 착오를 상호작용의 최소 유닛으로 연결시키며, <사람 → 기망 → 착오 → 재산처분 → 손해 → 재산상 이득>이라는 사기죄 해석론의 내재적 정합성(intrinsic coherence)에 기여한다. 다시 말해 허위사실이란 매수의 단순한 '동기형성'을 넘어서는 것으로서 비록 "반드시 법률행위의 중요부분에 관한" 것일 필요는 없지만(大判 2005도5774)[18] 적어도 의사형성요소, 즉 피기망자의 관점에서 거래의 조건과 내용이 되는 사실이거나 제3자의 관점에서 합리적인 의사결정요소들 중 하나가 되는 사실이어야 한다. 판례(大判 2005도5774)는 이러한 중요성 요건을 "재산적 처분행위를 하도록 하기 위한 판단의 기초"라고 표현한다. 대체로 여기서 설명한 바와 같은 취지로 보이지만, 의사형성요소뿐만 아니라 동기형성적 요소인 사실도 포함할 여지가 높다는 점[19]에서 모호하고, 기망과 착오의 표지를 정밀하게 차별화하여 세분화하기 어려운 논증이다.

이러한 기망의 표지로서 허위사실의 중요성의 기초사실들은 소송법적 차원에서는 기망과 착오 사이의 인과관계를 사실상 추정시키는 간접사실이 될 수 있다. 그러나 제3자의 관점에서 합리적인 의사형성요

---

17 Urs Kindhäuser, NomosKommentar zum Strafgesetzbuch, Band 2, 2. Auflage, 2005, § 263, Rdnr. 75 참조.

18 大判 2005도5774("기망은 널리 재산상의 거래관계에 있어서 서로 지켜야 할 신의와 성실의 의무를 저버리는 모든 적극적 또는 소극적 행위를 말하는 것으로서, 반드시 법률행위의 중요부분에 관한 허위표시임을 요하지 아니하고, 상대방을 착오에 빠지게 하여 행위자가 희망하는 재산적 처분행위를 하도록 하기 위한 판단의 기초가 되는 사실에 관한 것이면 충분"하다).

19 의사형성요소는 다양하기 때문에 허위사실의 중요성이 인정된다고 해도, 그 중요한 허위사실의 고지와 재산처분(코인매수)의 인과관계는 언제나 사실상 추정할 수 있는 것이 아니다.

소에 관한 허위사실의 고지가 있었지만, 피기망자가 거래의 조건이나 내용에 관한 착오에 이르지 않은 경우에는 기망과 착오의 인과관계에 대한 사실상 추정이 깨지고, 그 경우에 기망의 표지는 충족하지만, 착오 이하의 표지들은 충족하지 못하게 된다.

허위사실의 중요성 요청은 사소법익침해원칙(Geringfügigkeitsprinzip)이라는 구성요건이론에 의해서도 지지될 수 있다. 즉 허위사실이 아래의 사례처럼 사소한 사항에 관한 것인 경우, 비록 개념적으로는 기망을 인정할 수 있지만, 그로 인한 의사결정자유의 침해가 미약하다는 점에서 기망 표지에 대한 해당성이 조각된다고 보는 것이다.

- 코인을 상장할 때 백서에 코인플랫폼사업(예: 리워드관련 앱개발)의 기술적 사항을 총괄하는 CTO를 허위기재한 경우 (사실 1: 사안 ⓐ)
- 코인 상장 후 플랫폼 앱의 저비용 외주 개발, 부풀려진 수(2 → 10명)의 직원들과 형식적인 해외투자유치 등을 근거로 코인플랫폼사업이 정상적으로 진행되고 있다는 과장된 사실을 쟁글에 게시하여 시장에 일방적으로 공지한 경우 (사실 2: 사안 ⓐ)
- 코인사업회사가 백서상의 사업계획을 시장에 알렸으면서도 코인사업회사가 그 사업계획을 '전혀' 실행하지 않았고, 그럼에도 불구하고 인터넷매체를 통해 코인플랫폼사업이 정상적으로 진행되고 있다고 공지한 경우 (사실 3)

첫째, 사실 1에서 백서에 CTO로 허위기재한 사람이 아직 업무에 관여한 바 없으나 예를 들어 다른 사업상의 관련으로 인해 이미 일정한 네트워크를 맺고 있고, 필요한 때 CTO로 초빙할 가능성도 있었다면 잠재적인 CTO로 볼 수도 있고, 그렇게 보지 않더라도 그 정도의 허위기재는 코인매수의 의사결정에 중요한 사실이 아니라 사소한 사실이라고 볼 수 있고, 따라서 기망에 해당할 수 없다.

둘째, 사실 2처럼 플랫폼앱의 저비용 외주 개발, 부풀려진 수(2 →

10명)의 직원들과 형식적으로 존재하는 해외투자유치 등을 근거로 코인플랫폼사업이 정상 진행되고 있다고 쟁글에 게시하여 시장에 알린 사실(사안 ⓐ)은 과장된 사실로서 일종의 의견표명이다. 하지만 설령 이를 '허위'사실이라고 보더라도 중대한 허위사실, 즉 투자자의 의사형성요소가 되는 허위사실로 보기는 어렵다.

셋째, 사실 3의 인터넷공지는 그 시점의 현재적인 허위사실에 대한 것이며, 이때 허위성이 '하지 않은 일'을 '한 일'로 반전시킨 결과라는 점에서 허위사실의 중요성을 인정할만한 것처럼 보인다. 하지만 이런 사실을 중요한 허위사실로 인정하는 것은 코인시장에서 코인의 가격과 코인플랫폼사업의 관계를, 마치 주식시장에서 기업의 주가와 기업가치(사업성과)의 장기적인 연동관계와 동일시하고, 코인과 주식의 극단적 내재가치 차이, 코인시장과 주식시장의 구조적 차이, 평균적인 투자자 상像의 차이를 지워버리는 셈이 된다. 게다가 코인거래소는 코인플랫폼사업에 관한 어떤 공시도 하지 않으므로 그러한 허위사실은 '시장공시정보'에 해당하지 않으며, 대부분 투자자들은 그 허위사실을 코인매수의 의사결정요소로 고려하지 않는다.

그러나 코인플랫폼사업의 성패는 코인투자자들의 '부수적인' 그러나 '간과할 수 없는' 관심사항 중의 하나로는 남아 있다. 이는 코인플랫폼사업의 원활한 진행은 코인 가격이 끝 모르는 거듭된 급락으로 상장폐지될 위험을 막아주는 버팀목이 될 지도 모르기 때문이다.[20] 그러므로 설명 3의 허위사실 공지는 '중요한' 사실은 아니어도 코인의 거래소 상장유지와 코인거래의 지속가능성에 대한 코인투자자들의 신뢰를 배신한다고 볼 수 있다.

20 사안 ⓐ처럼 코인사업회사가 코인플랫폼사업에 대한 투자유치 사실을 시장에 공지하는 것도 코인의 상장 폐지를 막고 상장거래를 지속하기 위한 것으로 볼 수 있다.

양심을 저버린 술책의 사용 없이는 기망도 없다

여기서 허위사실의 중요성 요청을 다르게 재해석해볼 수 있다. 사기죄의 기망은 거래상대방의 신뢰배반이라는 강한 반도덕적 행위양태이어야 한다는 내재적 제한 아래 놓여야 한다는 것이다. 가령 채무불이행의 금액이 아무리 커도 채무불이행만으로 사기죄가 성립하지 않는 것은 기망과 같은 반도덕적 행위양태가 없기 때문이다. 사기죄의 성립에 이처럼 강한 반도덕적 행위양태인 기망을 요구하는 것은 형법이 인간의 존엄과 가치를 누리는 인격체라는 인간상을 지향하기 때문이다. 거래당사자들의 상호작용(Interaktion)과 의사소통(Kommunikation)에서 일어나는 범죄인 사기죄의 인간상은 거래에서 타인의 보호할 가치가 있는 신뢰를 배신하지 않는 인간, 그리고 자신의 탐욕과 경솔·태만의 결과를 자기책임으로 받아들이는 인간이다. 이러한 사기죄의 인간상에서 보면, 누구(기망행위자)나 기망으로 남의 정당한 신뢰를 배신해서는 안 되며, 기망으로 배신을 당하는 사람(피기망자)도 자신의 신뢰가 탐욕과 경솔·태만의 결과인지를 성찰하여야 한다(각성의무[21]).

이로부터 사기죄에서 행위자의 구체적인 기망행위는 그로 인해 착오를 일으킨 피기망자(피해자)의 보호할 가치가 있는 신뢰를 배반하는 반도덕적 행위이어야 한다는 요청이 나온다. 보호할 가치가 있는 신뢰의 배반은 사기죄의 보호법익(재산, 의사결정의 자유) 그 자체는 아니지만, 사기죄의 불법유형(Unrectstypus)에 내재하는 도덕적 요소라고 할 수 있다. 이처럼 법익에 내재하는 기망의 신뢰배반성 요청에서 바라 보면 기망은 양심의 가책을 저버리고 신뢰를 배반하는 술책을 사용한 경우에 국한되어야 한다.[22] 이런 요청을 충족하지 않는 기망행위는 사기

21 김일수, 한국형법 III, 박영사 1994, 219쪽.

22 Wolfgang Naucke, Der Kausalzusammenhang zwischen Täuschung und Irrtum beim Betrug, Peters-Festschrift, 109쪽.

죄의 기망 표지의 보호목적(Schutzzweck) 또는 규범영역(Normbereich)[23] 밖에 있는 것으로 보아야 한다. 따라서 상대방에게 허위사실을, 심지어 중요한(의사형성요소가 되는) 허위사실을 고지하였어도 이와 같이 기망 표지의 규범영역 밖에 있는 경우는 기망 표지가 충족되었다고 볼 수 없다. 또한 이 경우에는 사기(기망)고의도 인정할 수 없고, 사기미수죄로도 처벌할 수 없다. 이러한 제한해석은 사기죄의 보호목적에 따른 목적론적 해석으로서 사기죄해석의 내재적 정합성을 높여준다.

부정한 방법의 사용, 양심을 저버린 술책에 못 미친다

그러면 코인 불공정거래행위들은 양심을 저버린 술책을 사용한 행위로 평가될 수 있을까? 가령 코인 불공정거래죄 가운데 자본시장법상 부정거래행위죄(제178조 제1항, 제443조 제1항 제8호)에 상응하는 코인 부정거래행위죄(제10조 제4항, 제19조 제1항 제4호)의 실행행위에서 시장사기적 요소는 부정한 수단, 계획, 기교(제1호), 중요사항에 관한 거짓·오해유발의 표시(제2호), 거짓시세(제3호) 등의 부정한 방법을 사용하는 것이다. 이때 부정한 방법의 사용이 매매의 성황과 같은 시장이미지(simulacre)의 창출에 기여하는지 여부는 묻지 않는다. 여기서 "부정不正한" 표지는 부정거래행위죄의 모델이 된 미국 SEC Rule 10b-5의 가치충전 필요개념인 "deceptive"(기만적인)보다 반도덕성이 약하면서 더 불명확한 일반조항(Generalklausel) 개념이다. 이런 성격의 부정한 방법을 사용하는 거래행위는 사기죄의 기망에 해당할 수 없다. 그 이유를 살펴보자.

첫째, 부정한 계획(가상자산보호법 제10조 제4항 제1호)은 미래의 불확정적 사실에 대한 것이므로 가치판단이나 의견표명에 속한다. 둘째, 부정한 기교奇巧[24]의 사용에 어떤 행위가 해당하는지는 윤리적 가치판단

---

23 이 개념을 제안한 F. Müller, Juristische Methodik, Duncker und Humblot 1976 참조.

24 미국 SEC Rule 10b-5에서 "수단"은 "device"(방법), "기교"는 "artifice"(책략, 계략)

에 절대적으로 의존한다. 셋째, 부정한 수단은 스캘핑[25]의 예에서 보듯 그런 수단을 사용하여 허위사실을 불특정한 수많은 시장참여자들에게 알렸어도 매수의사의 동기형성에 기여할 뿐 매수의사결정의 자유를 침해하지 못한다. 넷째, 부정한 방법의 사용은 두 겹의 가치 판단을 필요로 한다. 가령 부정한 기교는 '부정한'이라는 일반조항[26]과 '기교'라는 가치충전필요개념(wertausfüllungsbedürftger Begriff)을 함께 사용하고 있고, 부정한 계획은 '부정한'이라는 일반조항과 '계획'이라는 불확정적인 미래사실에 관한 예측판단을 함께 사용하고 있다. 또한 오해를 유발시키지 않도록 하기 위하여 필요한 중요사항의 기재·표시(제10조 제4항 제2호)도 '오해 유발'이라는 (기망이 없어도 인정될 수 있는) 설명행위의 부정성에 대한 가치판단과 '기재·표시의 중요성'(materiality)이라는 가치판단을 함께 사용하고 있다. 이처럼 사기적인 부정거래(가상자산법 제10조 제4항)의 표지들은 두 겹의 가치 판단을 필요로 하기 때문에 불명확한 의미공간(semantische Spielräume)이 더욱 더 넓어져 있고, 그렇게 넓어진 불명확한 의미공간 안으로 매우 강한 주관적인 가치판단이 들어와 자리잡을 수밖에 없다.

이처럼 '부정한 방법'을 사용하는 거래행위(사기적인 부정거래)는 의사결정의 자유를 침해하지 않으면서도(허위사실의 중요성 흠결) 매우 고양된 가치판단의 성격을 띠기 때문에 반도덕적인 신뢰배반의 행위양태

로 표현되고 있는데, 그 의미의 불확정성은 비슷한 수준이다.

25 코인시장에서 스캘핑의 대표사건으로 사안 ⓒ를 들기도 하지만 사안 ⓒ는 코인 불공정거래죄에 해당할 뿐만 아니라 사기죄의 불법을 상당한 정도로 갖고 있다.

26 물론 "부정한" 개념은 가치충전필요개념으로 볼 여지도 있다(이상돈, 기업경영형법, 박영사 2022, 348쪽). 이 개념은 추상적이긴 하나, 일반조항과는 달리 최소한의 결정 프로그램(Entscheidungsprogramm)을 갖고 있다고 판단할 수 있기 때문이다. 실질가치가 있는 주식의 거래시장에서는 법관이 "자본시장의 공정성, 신뢰성 및 효율성을 해칠 위험"(大判 2013도6962)이라는 방향성을 갖고 판단할 수 있다. 이에 비해 실질가치가 제로이고, 주식발행 기업에 대한 투자분석과 같은 수준의 합리적 투자분석이 불가능하며, 투기적 모험거래인이 참여하는 코인의 거래시장에서는 "부정한" 개념을 일반조항으로 보는 것이 더 타당하다.

로서 기망의 의미인 '양심을 저버린 술책의 사용'에 해당할 수 없다.

부정한 기교의 투자유치, 신뢰배반적인 기망에 이르지 못한다

이상의 설명을 주식시장과 코인시장에서 일어난 세 당사자 간의 순환구조를 지닌 투자유치사건의 예에서 다시 이해해보자.

- B(주)는 페이퍼컴퍼니 G(주)에 13.5억 달러를 투자하고 G(주)는 A(주)의 제3자 배정 신주를 인수하고, A(주)는 그 대금으로 R(주)의 제3자 배정 신주를 인수하고, R(주)는 그 신주대금으로 G(주)가 보유한 A(주)의 신주를 인수하고, G(주)는 그 신주대금으로 B(주)에 대한 원리금을 상환하였다. R(주)가 A(주)를 인수하는 이 절차는 총 3시간이 소요되었다. R(주)는 초단기 대출을 받으면서도 외자를 유치하였다고 언론에 보도자료를 제공하였다. (사안 ⓔ)
- 엑셀러레이터 A는 Po코인의 상장유지를 위해 2021. 10. 22. A의 지갑(바이낸스 14)에서 사실상 달러와 같은 스테이블코인 USDT 20만개를 UYS캐피탈의 지갑으로 입고하였고, UYS는 같은 날 이 USDT를 Po코인사업회사의 지갑으로 전량 출고(투자)하고 2억 여개의 Po코인을 입고 받았으며, 그 Po코인을 곧바로 전량 A의 지갑으로 출고하였다. 11. 10. 코인사업회사는 USDT를 A의 지갑으로 전량 출고하였고, A는 UYS로부터 받은 Po코인을 코인사업회사의 지갑으로 입고하였다. A은 이를 '영국에 암호화폐 기반을 둔 글로벌 벤처캐피털 UYS로부터 투자를 유치하였다'고 인터넷매체에 게시하게 하였다. (사안 ⓐ)

먼저 사안 ⓔ에서 사용된 수단은 M&A의 기법으로 인정되기도 하지만, 가치 판단에 따라서는 "중요한 사실에 관한 오해를 유발시키는 표시"에 의한 (허위·오해유발표시)주가조작죄(자본시장법 제176조 제2항 제3호)에 해당할 수 있다. 그러나 판례(大判 2002도2888)는 "보도자료를 통하여 언론에 공표한 사실이 허위라고 단정하기 어렵고, 설사 그 내용이 사실과 다르다고 할지라도 피고인이 그 주식의 매매거래를 유인할 목적으로 고의로 허위의 표시 또는 오해를 유발하게 하는 표시를 하였다고 볼 수 없"다고 보았다. 이러한 판례의 입장은 주식스왑을 현물출자 방식으로 할 때의 법적 부담[27]을 덜어내는 M&A의 효율성이 부분적 주식스왑 금지규정(상법 제360조의2)을 우회하고 인수회사 주주의 신주인수권(제418조 제1항)을 침해하는 것[28]보다 더 중요하다는 이익형량적 가치 판단을 한 것으로 볼 수 있다. 그렇다면 이런 불공정거래행위는 허위사실을 시장에 알린 것이 아니며, 투자자에게 양심을 저버린 술책의 행위를 한 것도 아니다. 따라서 사기죄의 요건인 기망에 해당할 수 없다.[29]

이와 마찬가지로 사안 ⓐ에서 투자유치의 실행과정도 도표 7에서 보듯 투자금(USDT)과 Po코인이 세 당사자 사이에 순환적으로 거래되는 구조를 띤다. 이는 사안 ⓔ에서 신주인수와 대금이 세 당사자 사이에 순환되는 구조와 매우 유사하다. 그러나 가상자산법 제10조 제3항은 자본시장법 제176조 제2항 제1호(현실매매에 의한 주식시세조종)에 상응하는 규정을 둘 뿐 사안 ⓔ에 적용이 검토된 제176조(시세조종행위 등의 금지) 제2항 제3호에 상응하는 규정이 없다. 하지만 가상자산법 제10조 제4항은 제1호～제3호에서 자본시장법 제178조(부정거래행위등의 금지) 제1항 제1호～제3호에 각각 상응하는 규정을 두고 있고, 이 사안은 그 가운데 제1호의 "부정한 기교를 사용하는 행위"에 해당할 수 있다.

---

27 기업이 부분적 주식스왑을 하는 것은 일종의 현물출자가 되므로, 이사회결의(상법 제416조 제4호)가 필요하고, 법원에 검사인의 선임청구를 하여 검사를 받거나, 공인된 감정인의 감정을 받아 검사인의 조사에 갈음하여야 하며(제422조 제1항), 법원이 검사보고서나 감정결과에 의하여 판단할 때 현물출자가 부당하다고 인정하면 이를 변경(제422조 제3항)하여야 한다.

28 이는 R(주)의 신주발행이 "신기술의 도입, 재무구조의 개선 등 회사의 경영상 목적을 달성하기 위하여 필요한 경우"(상법 제418조 제2항)에 해당하지 않기 때문이다.

29 사안 ⓔ에 대한 분석과 비평으로 이상돈, 기업경영형법, 박영사 2022. 329～330쪽 참조.

도표 7.

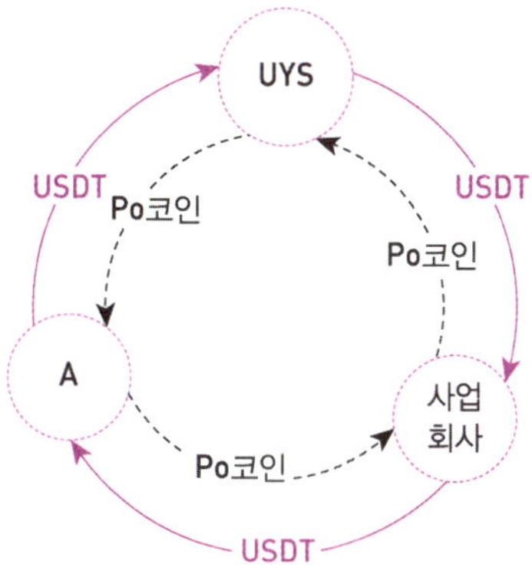

그런데 코인시장에서 위와 같은 방법은 부분적 주식스왑 금지규정의 위반이나 신주인수권의 침해와 같은 문제를 초래하지 않으므로 사안 ⓐ에 대한 부정거래행위죄(제10조 제4항 제1호)의 적용은 사안 ⓔ에서 작동한 이익형량적 사고에 의한 제약을 받지 않는다. 그렇기에 이 사안에서 투자유치의 인터넷공지가 '부정한 기교'의 사용에 해당하는지에 대한 판단은 더욱 불확실한 주관적 가치판단이 되기 쉽고, 부정한 기교에 해당하는지도 의문이다. 하지만 진정한 의미에서 실질적인 외자유치가 아닌데도 그런 이미지를 시장에 퍼뜨린다는 점에서는 법이 종국적으로 승인하기 어려운 '비'도덕적 행위라고 평가할 수 있고, 그 한에서 부정한 기교를 사용한 부정거래행위죄(제10조 제4항 제1호)에 해당한다고 볼 여지가 있다. 이런 비도덕성은 양심을 저버린 술책을 사용하는 기망의 반도덕성보다는 약한 것이지만, 민법(제107조 제108조)이 원칙적으로 무효로 보면서도 선의의 제3자가 있는 경우에 그 효력을 승인해주는 통정허위매매의 비도덕성보다는 더 강한 것이라고 볼 수 있다.

그러나 적어도 세 당사자 사이에서 USDT와 Po코인의 순환 거래가 실제로 행하여졌다면 그 순환거래 중에서 코인사업회사 이외의 제3자

(A든 외국투자자 UYS든)가 USDT를 코인사업회사에 입고한 과정을 두고 투자유치라고 시장에 공지하는 것은 그 자체로는 '진실한 사실'이다. 다만 '총체적 진실'(totality of truth)[30]이 아닐 뿐이다. 이는 '부분적 진실'을 알린 것이지만, 동시에 뒤집어 말한다면 총체적 진실의 일부를 은폐한 것이기도 하다. 이처럼 진실의 총체성을 구성하는 일부를 알리고, 다른 부분을 은폐하는 것은 편집된 진실 또는 단편적 진실을 알린 것이라고 보는 것이 적절하다. 이를 두고 허위사실을 알린 것이라고 볼 수는 없다. 그러나 설령 이를 허위사실을 알린 것으로 보더라도, 양심을 저버린 술책의 사용이라는 의미의 기망이 된다고 볼 수 없다. 다만 UYS가 영국의 글로벌 벤처캐피탈이 아니라 정체불명의 외국인 브로커였다면 그 부분에 한해서 투자유치 시장공시는 거짓사실을 시장에 알린 것으로 볼 수 있다.

사람에게 알려주는 고지, 시장에 알리는 시장정보화

사기죄의 기망이 되기 위한 마지막 요건은 중요한 허위사실을 고지告知한 경우이어야 한다는 것이다. 첫째, 고지란 특정한 사람, 즉 거래상대방에게 알려주다'[31]라는 의미이다. 우리말에서 '알려주다'는 '알리다'와 보조동사 '주다'가 결합한 말이다. 이처럼 <알려주다=알리다+주다>라는 결합어에서 보조동사 '주다'는 '다른 사람에게 영향을 미친다'는 함의를 갖고 있다. 법적으로는 이 함의는 알림을 받는 사람의 의사결정의 자유를 침해한다는 의미로 해석할 수 있다. 그러면 알리다는

30 진실은 총체성(totality)이어야 한다는 Lukács György, Geschichte und Klassenbewusstsein, 1923 (조만영·박정호 옮김, 역사와 계급의식, 지식을 만드는 지식 2015)에 의하면 부분과 전체는 변증되어야 하고, 전체로부터 떨어져 나온 부분은 진실을 보여줄 수 없다. 그러나 이런 철학적 의미와 법적 의미의 허위사실은 등식화될 수는 없다.

31 우리말의 '알리다'는 정보 전달 자체에 의미의 중점이 있지만 <사동사+주다>의 결합어인 '알려주다'는 정보 전달뿐만 아니라 그것이 상대방을 위하거나 해치기 위한 것이라는 의미를 갖고 있다.

불특정 다수인에게 공적이며 간접적인 방식으로 정보를 전달하는 것을 뜻하고, 알려주다는 특정 대상에게 사적이며 직접적인 방식으로 정보를 전달하는 것을 뜻하게 된다. 예를 들어 BTS는 전 세계의 팬들에게 (즉, 불특정 다수에게 공적으로) K-팝문화를 알리고(간접적 방식), 가족들에게 (즉, 특정 상대방에게 사적으로) 그래미어워드 수상을 알려주었다(직접적 방식)라고 말해야 한다. 둘째, 이런 알려주다의 의미를 의사소통적 범죄(kommunikatives Delikt), 상호작용의 범죄(Interaktionsdelikt)인 사기죄의 규범적 맥락에 들어가 이해해보면 사기죄에서 기망의 요소인 고지는 거래상대방과의 의사소통과 상호작용으로 허위사실을 알려주는 것을 뜻하게 된다.

이러한 사기죄 기망의 고지(알려주다)와 구분되는 '알리다'의 전형적인 용례는 다음과 같은 방식으로 '시장에 투자정보를 알리'는 것이다.

- **시장공시** 코인의 상장백서 등을 코인거래소가 트레이딩화면의 '정보'란에 제공하는 행위
- **시장공지** 인터넷매체(예: 홈페이지, 유튜브, SNS)를 통하여 일방적으로 시장에 공지하는 행위
- **그 밖의 시장정보제공** 코인거래행위가 시장의 상황을 변화시켜 창출하는 시장상황에 관한 정보(예: 매매의 성황을 보여주는 트레이딩화면상의 차트)

이와 같은 정보제공은 특정한 상대방이 아니라 시장의 수많은 불특정한 사람들에게 투자정보를 알리는 대량적 행위(Massenhaftigkeit der Tathandlung)[32]이다. '시장에 정보를 유통시킨다'는 의미에서[33] 시장정보

32 독일 형법의 자본투자사기(Kapitalanlagebetrug §264a StGG)는 대량적 실행행위가 요구된다는 Klaus Tiedemann, Wirtschaftsbetrug, de Gruyter, 1999, 81쪽.

33 이런 의미 외에도 시장정보화는 예를 들어 '중소중견기업(SMB)의 시장정보화'(이덕성, "SMB시장 정보화 구축동향: 패키지 솔루션 통한 경영프로세스 도입이 중요", 경영과 컴퓨터 통권 368호, 2007, 96쪽 참조)와 같이 정보통신기술(ICT)을 도입하여 시장에 유통되는 정보를 체계적으로 수집, 가공, 분배, 활용하게 하는 것을 뜻하기도 하

화(Market Informatization) 또는 시장정보화행위라고 부를 수 있다. 이러한 시장정보화는 사기죄의 기망을 구성하는 요소인 고지(알려주다)에 해당할 수 없다. 그 이유는 무엇일까?[34]

시장정보화는 작위에 의한 고지행위가 될 수 없다

시장정보화가 말이나 행동(묵시적 기망)과 같은 작위에 의한 고지에 해당될 수 있는지를 먼저 실물시장의 예에서 살펴보자. 가령 시장공시 또는 그와 유사한 시장정보화기능을 하는 시장광고(예: 호주산소고기 판매하면서 한우판매로 광고)는 소비자들에게 널리 허위정보를 제공하고 상당한 구매동기를 일으켰더라도, 그것만으로 모든 소비자에게 허위사실을 '고지'한 것이 되지 않는다. 시장광고 등의 시장정보화만으로는 보편적 법익의 범죄인 불공정거래죄(예: 공정거래법 제125조, 제45조 제1항 제4호[부당고객유인행위], 가상자산법 제19조 제1항)나 부당표시광고죄(표시광고법 제3조, 제17조 제1호)가 성립할 수 있을 뿐이다. 허위의 시장광고는 백화점의 판매코너에 가서 같은 내용의 허위광고대를 직접 보고 구매결정을 한 개별소비자에 한하여 '고지'된 것으로 볼 수 있다. 다만 전화주문으로 매매가 '직접' 이루어지는 TV홈쇼핑에서 하는 상품의 허위소개는 단지 시장광고의 시장정보화에 그치는 것이 아니라 '특정 시간 특정 홈쇼핑 채널의 특정 상품코너에서 특정 쇼호스트의 퍼포먼스를 통해 매매청약을 받고 있는 특정한 구매(희망)자집단'에 대한 허위사실의 '고지'로 볼 수 있다. 예컨대 TV홈쇼핑에서 농협조합원이 인공재배삼을 산양산삼이라고 설명한 행위는 사기죄의 기망에 해당할 수

고, '농산물시장의 유통효율화'(성형주·김인석, "농산물 도매시장의 유통효율화를 위한 정보화 전략요인의 우선순위 분석", 식품유통연구 제36권 제2호, 2019, 15~39쪽 참조)처럼 정보통신기술을 활용하여 시장에 유통되는 정보의 효율성을 높이는 것을 뜻하기도 한다.

34 이 물음은 "사람을 기망"이라는 표지 중 '사람', 기망의 요소 중 중요한 허위사실 요건을 충족한다고 가정하고 수행하는 것이다.

있다(大判 2001도5789). 그렇기에 이 판결을 두고 대법원이 코인에 관한 시장공시를 기망의 고지로 인정하였다고 보는 것은 잘못이다.

이와 같은 법리는 주식시장이나 코인시장에서도 마찬가지이다. 상장회사나 코인사업회사의 시장공시 등의 시장정보화행위는 모든 투자자에 대한 보편적인 정보제공의 기능을 할 뿐, 기망 표지의 요소인 '고지'에 원칙적으로 해당할 수 없다. 게다가 실물시장의 허위광고가 소비자들에게 미치는 동기형성력도, 초과수익을 올리기 위해 비공식정보를 찾으려 애쓰는 수많은 불특정한 코인투자자들에게는 매우 미미하다. 왜냐하면 코인투자자들은 코인시장에 공식적으로 유통되는 일반적이며 대량적인 정보의 알림에 대해서는 인식관심이 거의 없기 때문이다. 설령 투자자가 우연히 트레이딩화면의 정보란을 클릭하여 백서 내용을 확인했다고 하더라도, 누구나 알 수 있는 정보라는 점에서 초과수익을 올리는데 유용한 정보로 보지 않으며, 매수의 직접적인 의사결정요소로 삼지 않는다. 사기죄의 2차적 보호법익이 의사결정의 자유(Dispositionsfreiheit)임을 고려할 때, 이러한 시장정보화만으로는 기망 표지의 요소로서 고지(알려줌)에 해당할 수 없다. 다시 말해 시장정보화는 투자정보를 제공해주고 투자 동기를 다소 형성할 수는 있으나, 투자자의 매수의사결정 과정 속으로 그 정보를 밀어 넣지 못하기 때문에 그 정보를 투자자들에게 '알려준다'(告知)고 말할 수가 없다. 이렇게 보는 근본적인 이유는 코인거래소의 유통시장에서 경쟁매매에 참여하는 코인 매도인과 매수인 사이에는 직접적인 의사소통이나 상호작용이 없으므로 상호작용범죄 또는 의사소통적 범죄(kommunikatives Delikt)[35]인 사기죄의 기망 표지, 특히 고지 요건을 충족할 수 없기 때문이다.

다만 예외적으로 사안 ⓑ에서처럼 코인거래소가 정보를 지배하고

35 사기죄의 의사소통적 범죄성(Betrug als Kommunikationsdelikt)에 대해 Laura Mayer Lux, Die konkludente Täuschung beim Betrug, Die konkludente Täuschung beim Betrug, V&R unipress GmbH 2013의 제1장 참조.

관리하는 거래소의 트레이딩 화면에 자신들이 출시한 가공코인을 띄우는 행위는 그 거래소에 입장하고 그 코인 트레이딩화면을 직접 보고 거래하는 고객들(투자자집단)과 묵시적 행동으로 소통을 하는 것으로 볼 수 있고, 따라서 '고지'의 요소도 충족한다고 볼 수 있다. 거래소의 가공코인 트레이딩화면에 들어온 고객들은 마치 홈쇼핑채널의 특정 코너에 들어와 쇼호스트의 퍼포먼스에 영향 받는 소비자집단에 상응한다고 볼 수 있는 것이다.

불공정거래행위자는 진실사실을 알려줄 형법상 작위의무가 없다

다음으로 시장에 허위정보를 알린 행위가 부작위에 의한 기망이 되려면 그런 행위를 한 불공정행위자들에게 진실한 사실로만 시장을 정보화할 형법상 작위의무(보증인의무)가 있어야 한다. 가령 시장조성을 위해 코인을 실제로 반복하여 매매함으로써(가상자산법 제10조 제3항) '매매의 성황'이라는 시장이미지(simulacre)가 창출되고 있을 때, 그 시세조작행위자는 자신의 거래량과 거래내역, 시장조성을 하고 있다는 등의 진실한 사실을 시장에 알릴 작위의무가 있어야 한다.

그러나 그런 작위의무를 인정하면 코인시장의 구조적 특성상 정보약자인 보통의 투자자들이 비대칭적이지만 그나마 누릴 수 있는 정보마저 더욱 빈약해지므로 역설적이게도 초과수익을 올릴 수 있는 시장상태, 즉 코인시장의 공정한 효율성을 해치게 될 수 있다. 반면에 이 의무를 인정하지 않으면 거짓·부실정보가 시장에 점점 많아지게 되고, 이는 코인시장의 (최소한의) 공정성 이미지(simulacre)를 창출·유지할 수 없게 만들 것이다. 그 결과 투자자들의 시장이탈은 가속화되고 궁극에는 시장의 침체와 붕괴로도 이어질 수 있다. 그렇기에 법적인 작위의무 인정여부의 문제는 아포리아(aporia)에 빠진다. 이 아포리아는 그런 진실한 사실을 시장에 알릴 작위의무를 인정하지 않아야 한다고 보는 경제학적 관점과 그런 작위의무를 인정하여야 한다고 보는 정의의 관점 사이의 충돌이 빚어내는 현상이다.

법은 이러한 경제학적 관점과 정의의 관점이 제기하는 서로 모순적인 요청을 다층적인 법제를 통해서 모두 수용할 수 있다.[36] 코인시장의 기능(효율성과 공정성)을 유지·강화하는 국가의 정책적 조종매체(Steurungsmedien)의 법으로서 가상자산법은 공정한 시장의 이미지를 유지하기 위해 진실한 사실을 알릴 작위의무를 인정하고, 시장을 거짓·부실정보로 정보화하는 다양한 유형의 행위들을 금지·처벌하는 반면, 생활세계의 핵심적인 도덕적 제도(Institution)의 법으로서 형법(사기죄)은 코인불공정거래자에게 그 불공정거래의 진실을 시장참여자들 모두에게 알려줄 형법상 작위의무, 즉 보증인의무(Garantenpflicht)를 인정하지 않고, 따라서 거짓·부실정보로 시장을 정보화하는 행위를 부작위에 의한 고지로 보지 않는 것이다. 현대사회의 법은 이와 같은 방식의 다층적 법제로써 경제적 관점과 정의 관점 사이의 모순적 요청을 수용할 수 있는 것이다. 이런 다층적 법제를 통해 형법상 사기죄의 부작위범이 되기 위한 작위의무와 가상자산법상 불공정거래죄(예: 제19조 제1항 제3호)가 되기 위한 작위의무는 세밀하게 차등화될 수 있다. 따라서 코인시장의 구축을 위해서 코인거래소나 코인재단 등이 각종 시장조성 행위를 하고 있다는 사실을 시장참여자들에게 고지하지 않는 것은 사기죄의 기망에 해당할 수 없다.

---

36 법은 다층적 법제로써 정의에 관해 서로 충돌하는 관점들(예: 자유주의와 공동체주의 등)을 조율하여 모두 수용할 수 있다는 이론으로 이상돈, 법의 깊이, 법문사 2018, 52~55쪽.

착오의 법리

사기죄는 거래상대방인 개인을 속이는 기망행위(Individualtäuschung)로 인해 그 개인이 착오(Irrtum)에 빠졌어야 성립할 수 있다. 그러나 가상자산법의 코인불공정거래죄는 그와 같은 기망과 착오 없이도 성립할 수 있다. 불공정거래행위가 공정성을 추상적으로 해친 코인시장에 참여하는 코인투자자들은 그런 착오에 빠지는 것이 아니라 단지 인지적 오류(cognitive error)를 겪는 것이다.[1] 사기죄의 피기망자가 빠지는 착오와 투자자가 겪는 주체적인 인지적 오류 사이에는 근본적인 차이가 있다. 이 차이는 사기죄와 코인불공정거래죄의 불법유형과 그에 따른 성립요건의 차이를 낳고, 법적 효과를 차등화한다.

투자자는 인지적 오류를 겪지만, 착오에 빠지지 않는다

그러면 피기망자의 착오와 투자자의 주체적인 인지적 오류의 차이는 무엇일까? 먼저 법개념으로서 착오의 가장 보편적인 의미는 '현실과 의식의 불일치'이다. 이때 현실은 과거 또는 현재 실재하는 사실(Tatsache)을 가리킨다. 여기서 '사실'은 사실과 규범을 포괄하는 법철학적 용어로 표현하면 현존재(Dasein)라고 부를 수 있다. 형법에 규정된 착오 개념은 주로 현존재(사실, 규범)를 인식하지 못한 착오, 즉 소극적 착오이다. 가령 제13조는 "죄의 성립요소인 사실을 인식하지 못한" 경우, 즉 자신이 구성요건에 해당하는 행위를 하고 있다는 '사실'을 인식

1 가상자산법 제10조 제2항은 "잘못 알게 하거나" 또는 "그릇된 판단"이라는 문언으로 표현하고 있다.

하지 못한 경우에는 고의를 탈락시킨다.[2] 구성요건에 해당하는 사실을 인식하였어도 정당화상황(예: 정당방위상황)이 없다는 사실을 인식하지 못한 경우(예: 오상방위)에도 해석상 불법고의를 탈락시킬 수 있다. 또한 제16조는 "자기의 행위가 법령에 의하여 죄가 되지 아니하는 것으로 오인한 행위", 즉 자신의 행위를 죄로 만드는 법령(법규범)의 (현)존재를 인식하지 못한 경우에는 정당한 이유가 있으면 벌하지 않는다. 이런 착오의 의미는 사기죄의 기망이 초래하는 착오에서도 마찬가지이다. 가령 50만원의 중고자동차부품으로 수리하면서 200만원의 정품을 사용했다고 속인 기망행위는 구매자인 피기망자에게 현실(중고부품사용)과 의식(정품사용)의 불일치를 초래한다. 다시 말해 피기망자는 자동차 수리에 사용된 부품이 중고부품이라는 사실(정품이 아니라는 허위사실)을 인식하지 못하는 소극적 착오에 빠지는 것이다.

이에 비해 코인 시장참여자은 불공정거래(시장사기)로 인해 착오에 빠진다고 가정하더라도 소극적 착오가 아니라 존재하지 않는 현실'(예: 매매가 성황을 이루는 시장상황)이 존재한다고 인식하는 적극적 착오를 한다. 하지만 소극적 착오와 적극적 착오라는 차이는 근본적이며 실질적인 차이가 아니다. 소극적 착오는 법논리적으로는 적극적 착오로 뒤집어 말할 수 있고, 거꾸로도 말할 수 있기 때문이다. 예를 들어 소극적 착오도 기망으로 인해 '없는 사실'(예: 정품사용이 없음)을 '있는 사실'(예: 정품사용)로 인식하는 적극적 착오라고 말할 수 있다는 것이다.[3] 그렇기 때문에 적극적 또는 소극적이라는 착오의 형태 자체는 사기죄의 착오와 코인투자자의 인지적 오류 사이의 근본적인 차이를 파악하

2 제15조 제1항은 "특별히 무거운 죄가 되는 사실을 인식하지 못한" 경우에는 무거운 죄로 벌하지 아니한다. 또한 제27조는 결과발생이 불가능하다는 사실을 인식하지 못한 미수행위는 위험성이 있는 때에 불능미수로 처벌하되, 반드시 감경 또는 면제하도록 규정하고 있다.

3 가령 정당방위상황이 있지 않다는 사실의 불인식이라는 소극적 착오(예: 오상방위)도 있지 않은 정당방위상황을 있다고 인식하는 적극적 착오로 뒤집어 표현할 수 있다.

는데 무의미하다.

시장참여자들이 착오에 빠지는 것이 아니라 인지적 오류를 겪는다고 말하는 주된 이유는 시장참여자들이 투자정보를 처리하는 인지적 특성에 있다. 피기망자가 빠지는 착오는 대상에 대한 인식(Objekterkenntnis)을 하지 못한 것이며, 피기망자와 상호작용하는 행위자의 기망행위에 의해 의사결정의 자유가 타율적으로 침해된 결과이다. 이때 피기망자는 행위의 객체로 위치한다. 그러나 코인 투자자들은 이러한 착오에 빠지지 않는다. 그 이유를 살펴보자. 첫째, '매매의 성황'을 대량의 매매가 초래하거나 통정·거짓매매 등의 목적이 달성된 시장의 사실적 상황이라고 본다면, 이런 사실과 시장참여자들의 의식 사이의 불일치는 없는 것이 된다. 따라서 시장참여자들은 시장의 사실적 상황에 대해서 착오를 겪는다고 말할 수 없다. 둘째, 불공정거래행위자의 주관적 목적(예: 매매유인)이나 의도를 기준으로 삼아 매매의 성황을 진정한 의미의 사실적 상황이 아니라 시장이미지(simulacre)라고 바라본다면, 시장참여자들의 인식(Erkenntniss)과 불일치하는 시장의 사실적 상황 자체가 존재하지 않는 것이 된다. 따라서 역시 착오를 말할 수 없게 된다.

사기죄의 피해자와 달리 코인시장의 투자자들은 불공정거래행위가 시장에 창출·제공하는 정보를 포함하여 접근가능한 모든 투자정보를 각자 나름대로 해석·평가하고,[4] 이를 기억·학습하며, 그러한 정보들의 의미(특히 가격영향력)를 비교·분석하고 형량함으로써 여러 가지 (매매) 결정방안들을 추론해낸 뒤, 최종적인 선택·결정한다. 이러한 투자정보의 처리와 매수의사결정은 주체적이며 해석적인 인지(subjective hermeneutic cognition)라는 점에서 피기망자의 착오와 대비된다. 다시 말해 투자자는 투자정보를 해석적으로 사용하는 주체로 위치한다. 해석적 인지의

4 가령 매매의 성황이 진정한 시장의 사실적 상황인 경우에도 투자자들은 '세력이 개입했다'는 말로 그 상황을 파악하기도 한다. 이는 매매의 성황이 인위적으로 창출된 시장이미지인 경우에도 그에 대한 인식은 사실에 대한 객관적 인식이 아니라 해석적 이해임을 말해준다.

주체라는 위치가 갖는 의미를 좀더 설명해보자.

첫째, 투자자의 인지는 타인의 투자조언(예: 추천, 지시 등)을 받는 경우에도 타인이 대신할 수 없을 정도로 고유하고 인격적인(origin & personalized) 행위이다. 가령 투자자는 진실하게 펼쳐진 '매매의 성황'을 두고도 "세력이 개입했다"는 말로 서로 소통한다. 더 나아가 투자자는 세력의 개입 있든 없든 매매의 성황을 나타내는 차트를 놓고 자기의 고유한 해석에 따라 매도 신호로 받아들이거나 정반대로 매수 신호로 받아들인다. 이처럼 차트 등이 보여주는 매매의 성황은 사실적 상황으로 인식되는 것이 아니라 주체의 고유한 해석으로 인지되는 것이다.

둘째, 투자자들은 자신이 주체적으로 해석한 상황을 도덕적 관점에서 평가하기보다는, 수익을 올릴 수 있는 긍정적 상황으로 인식하고 그 흐름에 편승하여 초과이익을 얻기 위한 방향으로 선택·결정하려고 한다. 이 점은 투자자의 코인매매의 의사결정에 기망에 의한 착오 현상이 원인으로 개입할 수 없음을 말해준다.

셋째, 코인 불공정거래행위의 영향 속에서 코인시장에서 매매를 하는 사람들이 많아지게 되면, 그로 인해 매매는 실제로 활성화되고, 매매의 성황은 단지 시장이미지(simulacre)가 아니라 실제적인 현실이 된다. 즉, 불공정거래행위에 의해 창출되는 시장이미지는 종국에는 더 현실 같은 현실, 즉 보드리야르(J. Baudrillard)의 개념으로 하이퍼리얼(hyperreality, 초현실超現實)이 된다. 그런데 하이퍼리얼은 허구와 실재의 구분을 해체하는 것이므로[5] 그 점에서도 하이퍼리얼에 대한 투자자들의 인지는 허위사실을 인식하지 못한 착오가 될 수 없다.

넷째, 투자자는 불공정거래행위의 피해자라는 단일한 지위에 머무르지 않고 가해자의 지위도 함께 갖는다. 왜냐하면 투자자들은 하이퍼리얼을 단지 해석적으로 인지할 뿐만 아니라, 그러한 인지 위에서 초

---

5 J. Baudrillard, Simulacra and Simulation, University of Michigan Press, 1994, 12, 20쪽.

과이익을 얻는 방향으로 주체적인 매매결정을 하고, 그로써 결과적으로 불공정거래행위자와 함께 하이퍼리얼(초현실)을 만들어내기 때문이다. 여기서 가해자 지위는 불공정거래자에 대한 공범(종범)이 된다는 법적 의미가 아니라 사회학적 의미에서 쓰는 말이다. 물론 극히 드문 일이겠지만, 어떤 특정한 사람이 어떤 내용의 불공정거래를 하고 있는지를 구체적으로 인식하고(정범의 고의), 이에 방조한다는 의사(종범의 고의)를 가지면서 그 불공정거래를 실질적으로 촉진시키는 코인매매를 하는 경우에는 공범(특히 편면적 종범)이 될 가능성이 배제되지 않는다.

다섯째, 주체적인 해석적 인지에 기반한 투자결정이 성공할 지 또는 실패할지는 누구도 예측할 수 없다. 그럼에도 불구하고 어떤 주체적인 해석적 인지에 대하여 인지적 오류(cognitive error)라고 말하는 것은, 그 주체적인 해석적 인지가 투자실패로 끝난 미래에 가서, 그 미래가 소급적인 구조적 영향을 미치는 과거, 즉 미래의 과거인 전미래시제(le future antétieur)로 이해될 때에야 비로소 가능한 것이다. 즉, 인지적 오류는 전미래시제의 개념이며, 그 점에서도 현재시제의 개념인 착오와 뚜렷하게 대비된다.

인지왜곡이론, 코인투자자의 인지적 오류를 말하다

그러면 투자자들이 겪는 인지적 오류의 구체적 내용은 무엇일까? 에런 벡(Aaron Beck)의 인지왜곡(cognitive distortion) 이론은 이 물음에 많은 답을 줄 수 있다. 벡에 의하면[6] 인간의 사고는 자기 자신과 미래 그리고 세계를 바라보는 '부정적인 사고틀'(negative schema)에 의해 구조화되어 있고, 그 구조에 의해 제약된 생각이 자동적으로(자동적 사고 Automatic Thoughts) 개인의 감정과 행동에 직접 영향을 미친다고 한다. 그 결과 부정적이고 비합리적인 사고패턴, 즉 인지왜곡이 발생하게

---

6 Aaron T. Beck, Depression: Causes and Treatment, University of Pennsylvania Press, 1972.

된다. 이러한 인지왜곡은 우울증, PTSD, 불안장애 등 질병의 원천이 되기도 한다. 이처럼 벡의 인지왜곡 개념은 우울증 같은 질병을 유발하는 원인이면서 인지행동치료(Cognitive Behavioral Therapy)의 기반이 된다는 점에서 정신병학적 성격을 갖고 있다. 인지왜곡의 형태는 다양하게 논의될 수 있는데, 다음의 10가지[7]가 그 대표적인 형태이다.

- 사물을 흑백으로 바라보는 이분법적 사고(All−or−Nothing Thinking)와 그로써 선택되는 항목(예: 白)의 의미를 극대화(Magnification)하고, 배제되는 항목(예: 黑)의 의미를 극소화(Minimization)하는 사고
- 하나의 부정적 현상을 두고 전체가 그렇다고 보는 과잉 일반화(Overgeneralization)의 사고
- 긍정적인 것은 걸러내고 부정적인 것에만 집중하는 부정적 필터링(negative Filtering)의 사고
- 긍정적 경험을 무시하는 긍정격하(Disqualifying the Positive)의 사고
- 논거와 숙고 없이 바로 결론을 내어 버리는 결론비약(Jumping to Conclusions)의 사고
- 부정적 경험을 끝없는 추락으로 삼아버리는 재앙화(Catastrophizing)의 사고
- 자신의 감정을 현실이라고 믿는 감정적 추론(Emotional Reasoning)의 사고
- 자신이나 타인에게 ~하여야 (또는 이어야) 한다는 명령부과(Should Statements)의 사고
- 관련 없는 일인데도 자신과 결부시키는 자기문제화(Personalization)의 사고
- 어떤 일로 사람의 인격을 부정적으로 일반화하는 이름을 붙이는 낙인찍기(Labeling and Mislabeling)의 사고

---

7 Beck의 인지왜곡을 설명하고 그 형태를 10가지로 명확하게 정리한 David D. Buns, Feeling Good: the new Mood Therapy, William Morrow, 1980; The Feeling Good Handbook, Plume, 1989 참조.

벡의 인지왜곡 개념은 코인투자자의 인지와 관련해서는 두 가지 점에서 재구성되어야 한다. 첫째, 인지왜곡은 정도의 차이가 있을 뿐 모든 사람에게 존재하는 정상적인 정신이며, 프로이트(Freud)처럼 '문명의 신경증'[8]이라고 말할 수는 있을 뿐 질병개념으로 바라볼 수 없다. 즉 인지왜곡은 치료와 교정의 대상이 아니라, 보통사람들의 인지적 특성이며 살아가면서 누구에게나 요구되는 성찰의 대상일 뿐이다. 그렇기 때문에 누구에게만 발생하는 인지의 왜곡(distortion, Verzerrung)이 아니라, 누구나 겪을 수 있는 인지의 오류(error)라고 말하는 것이 더 적절하다. 둘째, 부정적인 사고틀은 인간정신의 존재론적(ontological) 구조가 아니라 인지적 오류와 해석학적인 순환 속에서 서로를 형성한다고 보아야 한다. 즉, 인지적 오류가 한 개인의 삶에서 또는 한 집단의 역사에서 많이 일어날수록 부정적인 사고틀이 강하게 형성되며, 반대로 부정적인 사고틀이나 이와 유사한 선천적 사고기질이 강한 개인이나 집단일수록 인지적 오류를 더 많이 경험하게 된다.

이러한 인지적 오류의 개념을 전제로 코인투자의 일상을 관찰해보면 코인투자자들이 매매를 결정하는 인지적 과정에는 위에서 설명한 인지왜곡의 다양한 형태가 일어남을 알 수 있다. 몇 가지 예를 들어보자.

- 매매의 성황이라는 시장이미지(simulacre)가 생성되어 있으면 매수에 들어가고, 그렇지 않은 상황에서는 매수에 들어가지 않는다고 사고함으로써 그런 시장이미지에 너무 큰 의미를 부여하며 투자를 한다. (→ 이분법적 사고, 극대화/극소화)
- 차트와 같은 한 가지 투자정보에 너무 큰 의미를 부여하여 무리한 결정을 한다. (→ 과잉의 일반화)

8 프로이트의 이 개념을 법적 사고에 수용하는 이상돈, 정신의 문법, 법문사 2025 참조.

- 한두 번의 코인투자성공으로도 '혹시 나중에 폭등하여 부자 되는 거 아니야'라는 느낌에서 무리하게 빚을 내어 대량 매수를 결정하거나, 지인의 투자성공담을 듣고 감정이 고양되거나 코인 자체의 미적 매력에 끌려 매수결정을 한다. (→ 정서적 추론)
- 코인 가격이 급락할 때에도 과거의 반전 상승과 같은 긍정적인 경험은 외면하고(→ 긍정의 격하), 코인 상장 폐지로 인한 투자 손실 등 부정적인 경험만을 선택적으로 중시함으로써(→ 부정의 필터링) 성급하게 손절매를 하고, 그 결과 오히려 더 큰 손실을 입는다.
- 코인투자에서 연거푸 손실을 보았을 때 '이번에 이렇게 실패했으니 난 끝이야'라는 생각에 빠지며(→ 재앙화) 두려움 속에서 자산시장에서 완전히 빠져나간다.
- 코인투자자들은 특정 코인의 투자로 손실을 입었을 때 자기 탓(예: 정보력 부족, 욕심과 집착)이라고 생각함으로써(→ 자기문제화) 투자실패의 다른 원인들을 합리적으로 분석하지 않고 투자실패를 반복한다.

코인투자자들은 불공정거래행위가 만든 시장이미지나 부정한 방법의 사용 '때문에' 매수결정을 하는 것이 아니라, 위와 같은 주체적인 인지과정에서 일어나는 인지적 오류(subjective cognitive error) '속에서' 매수결정을 하는 것이다. 불공정거래행위가 이러한 인지적 오류에 기여하는 정도는 상대방의 의사결정의 자유를 외부에서 타율적으로 침해하여 사실을 인식하지 못하게 하는 기망과 대비하면 매우 미미한 것이며, 이들 이외의 다른 많은 요소들(예: 뉴스, 지인 투자성공담, 밈코인 유행)의 기여보다 크다고 단정하기도 어렵다. 그러므로 투자자들의 인지적 오류는 불공정거래행위로부터 인과적으로 초래된 것이 아니며, 투자손실을 인과적으로 야기하는 것도 아니다. 법적 개념으로 보면, 불공정거래행위는 수많은 매매 의사결정의 동기형성요인 중 하나에 불과하다고 할 수 있다.

착오에 내재하는 신뢰배반성, 투자자의 인지적 오류에는 없다

사기죄는 거래당사들 간의 상호작용에서 일어나는 범죄이므로, 신뢰를 배반하지 않아야 한다는 도덕적 요청은 거래당사자 양측에, 즉 기망하는 사람뿐만 아니라 착오에 빠지는 상대방에게도 적용된다. 여기서, 피기망자의 착오는 보호가치 있는 신뢰(schutzwürdiges Vertrauen)가 배반된 결과이어야 한다는 제한해석이 등장한다.[9] 다음 두 가지 경우가 대표적인 경우이다.

- 피기망자가 과도한 이윤추구욕으로 기망자가 알린 허위사실을 지나치게 경솔하게 신뢰한 경우
- 피기망자가 기망자가 알린 사실의 진실성에 구체적인 의문을 가졌으면서도 그 의문을 푸는 노력을 태만히 한 경우

이 두 경우에 피해자는 '다른 면책적 요소'(예: 노령과 지식과 경험의 부족, 신뢰를 낳은 기망방식)가 없는 한 자기책임(Eigenverantwortung)이 있다고 볼 수 있고, 그 점을 근거로 그런 신뢰에 보호가치를 인정하지 않을 수 있다. 이때 착오 요건 자체가 충족되지 않았다고 보거나 적어도 기망과 착오 사이의 인과관계가 없다고 보는 이론이 바로 자기책임이론이다. 자기책임이론은 로마법의 volenti non fit iniuria (자발적으로 위험을 감수한 자에게는 불법이 발생하지 않는다) 원칙에서 연원하며, 법치국가원리의 근거조항인 헌법 제37조 제2항[10]으로부터 도출할 수 있다. 민법 제109조 제1항 제2문도 "그러나 착오가 표의자의 중대한 과실로 인한 때에는 취소하지 못한다"라고 하여 거래에서 자신의 신뢰가

---

9 이러한 제한해석은 법의 불리한 변경이나 수익적 행정처분 취소의 소급효를 그 법과 처분에 대해 보호할 가치가 있는 신뢰를 가졌던 시민에게는 인정하지 않는 공법상 신뢰보호원칙(Vertrauensprinzip)과 같은 맥락에서 바라볼 수 있다.

10 독일에서는 신뢰보호원칙(Vertrauensschutzprinzip)을 기본법(GG) 제20조 제3항으로부터 도출한다.

보호받으려면 자기책임(중과실)이 없을 것을 요구하고 있다.

대법원은 사기죄에서는 자기책임이론을 외면하는 반면 위계업무방해죄에서는 자기책임과 유사한 법리를 사용하고 있다. 가령 자본이 잠식된 소매 대부업 회사의 대표가 '대출채권담보대출 중개운용 업무협약 및 채권담보계약'에 따라 자동차담보대출채권을 담보로 S금고로부터 대출을 받은 후 자동차담보대출에 사용하지 않고, 다른 금융기관에 대한 기존 채무의 상환에 사용한 사건에서 대법원은 '대출금채무를 변제할 의사와 능력'에 대한 기망을 인정하고, "착오에 빠지게 된 원인 중에 S금고의 과실이 있었더라도[11] 사기죄의 성립을 인정하였다(大判 2008도1697). 반면에 업무담당자가 위계로 인한 오인·착각·부지를 제거하기 위한 추가적인 조치(예: 계좌개설신청서의 진위에 관한 증빙자료 요구)를 하지 않고 가볍게 믿고 수용(태만과 경솔)한 사건에서는 위계가 업무방해의 위험성을 발생시켰다고 할 수 없어 업무방해죄를 구성하지 않는다고 보았다(大判 2022도15824).[12] 그러나 사기죄의 기망은 업무방해죄의 위계보다 더 고양된 반도덕적 행위양태인 반면, 업무방해죄의 위계는 사기죄의 기망에 해당되지 않는 '부지不知를 일으켜 이용하는 것'(大判 2003도5004)을 포함하는 등, '더 넓은 외연'을 갖고 있고, 사기죄의 기망에 내재하는 상대방에 대한 상호신뢰의 배반을 필요로 하지 않는 등, '더 엷은 내포'를 갖고 있다. 그러므로 판례가 업무방해죄의 위계 해석에서 보여준 자기책임법리는 사기죄의 기망과 착오의 해석에 더욱 강하게 적용되어야 한다. 이를 거꾸로 하고 있는 판례는 사기죄와 위계업무방해죄의 해석에서 정합성(coherence)을 잃고 있다고 볼 수 있다.[13]

---

11 이 사건에서 S금고가 좀 더 주의를 기울여 재무상태 실사를 했다면 기존 대출금의 규모 등 재무상태를 사전에 알았거나 충분히 알 수 있었다는 점에서 기망과 착오의 인과관계를 부인한 인천지방법원 2008. 1. 31. 선고 2007노2150 판결 참조.

12 이러한 법리는 가령 행정청에 허위내용의 신청서를 제출하고, 담당자가 가볍게 믿고 수용한 경우에 위계공무방해죄를 인정하지 않는 판례(大判 2008도11862)의 취지와도 같은 것이다.

13 현대사회에서는 정합성(coherence)이 법적 정의의 필수요소가 되고 있다는 K. Günther,

착오는 기망과 분리된 의식현상이면서 법문언에 기술되지 않은 구성요건요소(Ungeschriebene Tatbestandsmerkmale)이므로, 사기피해자가 자기책임을 다하지 않아서 착오를 하게 된 경우에도 논리적으로는 기망의 요건은 충족할 수 있다. 따라서 간접증거들의 수집과 입증에 의해 사기고의를 인정할 수 있다면 이론적으로는 사기미수죄가 성립할 수 있다. 하지만 사기죄는 불법이 행위자의 기망과 피해자의 착오 및 그에 따른 재산처분의 상호작용적 구조를 지닌 상호작용범죄(Interaktionsdelikt)[14]이다. 이 점에서 보호가치 있는 신뢰를 배반하는 반도덕적 행위양태인 기망의 표지와 보호가치 있는 신뢰가 배반되었다는 착오의 표지는 사기죄의 불법을 함께 구성한다고 볼 수 있다. 이러한 관점에서 보면 기망에 대한 규범보호목적이론(도표 8의 ①)과 착오에 대한 자기책임이론(도표 8의 ②)를 동시에 종합 고려하여 불법의 양과 질을 판단하여야 한다.

도표 8.

		기망과 착오에서 신뢰배반의 판단요소	
보호목적 이론 (기망요건)	①	적극적 요소	• 행위자가 양심의 가책을 버리고 피해자가 쉽게 발견하기 어려운 술책을 사용한 경우
자기책임 이론 (착오요건)	②	소극적 요소	• 피기망자가 "과도한 이윤추구욕"[15]으로 기망자가 알린 허위사실을 지나치게 '경솔'하게 신뢰한 경우[16]**가 아닐 것, 이와 동시에** • 피기망자가 기망자가 알린 사실의 진실성에 구체적인 의문을 가졌으면서도 그 의문을 푸는 노력을 태만히 한 경우[17]**가 아닐 것**

Der Sinn für Angemessenheit, Suhrkamp 1987, 290쪽; 이상돈, 법의 깊이, 법문사 2018, 96쪽 참조.

14 독일연방법원이 착오에 대한 피해자의 책임을 사기죄 판단에 고려하지 않는 것은 피해자의 자기책임 고려하면 사기죄가 성립할 수 없게 된다는 오해에서 비롯된 것이지만, 피해자의 자기책임을 고려해도 사기미수(versuchter Betrug)로 처벌할 수 있기 때문에 자기책임을 고려함으로써 사기죄의 상호작용범죄적 성격을 분명히 해야 한다는 견해로 Marc Thommen, "Opfermitverantwortung beim Betrug", Schweizerische Zeitschrift für Strafrecht, Heft 1, 2008, 38쪽.

15 김일수, 한국형법 III, 박영사 1994, 218쪽.

그와 같은 판단의 결과에 따라 기망과 착오가 상호작용적으로 형성하는 사기(미수)죄의 성립가능성은 다음과 같은 세 경우로 나눌 수 있다.

- **사기죄의 성립가능** 규범의 보호목적 안에 있는 기망(요소 ①)이 있으면서 피해자의 자기책임을 인정하기 어려운 경우(요소 ②)는 기망과 착오의 표지가 충족된 것이며, 사기죄의 다음 단계 성립요건들을 충족하면 사기죄가 성립한다.
- **사기미수죄의 성립가능** 규범의 보호목적 안에 있는 기망(요소 ①)이면서 피해자의 자기책임을 인정할 수 있는 경우(요소 ② 불충족)는 기망의 표지는 충족되고 착오의 표지를 충족시키지 못하지만, 간접증거들에 의해 사기고의가 인정된다면 사기죄의 (대상의 착오로 인한) 불능미수가 위험성 평가에 따라 성립할 수 있다.
- **사기죄의 성립불가능** 규범의 보호목적(규범영역) 밖에 있는 기망이면서(요소 ① 불충족) 피해자의 자기책임 요소가 하나 이상 있는 경우(요소 ② 불충족)는 기망의 표지부터 충족되지 않은 것으로서 사기죄는 물론 사기미수죄도 성립하지 않는다.

이러한 이론을 바탕으로 코인거래에서 신뢰배반적 행위양태라는 사기죄의 불법을 함께 구성하는 기망과 착오 표지의 충족 여부, 그리고 그에 따른 사기미수죄의 성립 가능성을 사안 ⓐ, ⓑ, ⓒ, ⓓ에 대해 비교·판단해 본다.

- 코인을 폰지사기형태로 판매하면서 보장한 높은 수익금을 다른 신규투자자(또는 하위 판매자)를 모집하여 받은 투자금으로 지급하는

16 이런 해석을 라렌츠(K. Larenz, Methodenlehre der Rechtswissenschaft, 5. Auflage, 1983, 376)가 말하는 목적론적 축소(teleologische Reduktion)라고 보기도 하지만(김일수, 한국형법 III, 1994), 목적론적 축소는 법문언이 적용될 핵심영역을 축소시키는 유추의 일종인 반면, 여기서 전개한 기망 개념의 해석은 기망 개념에 내재하는 규범적인 의미소를 고려한 제한해석일 뿐이다.

17 Reinhold Hassemer, Schutzbedürftigkeit des Opfers und Strafrechtsdogmatik, 1981, 140, 147쪽.

경우 (사안 ⓓ)

- 비공개 리딩방에서 높은 수익(매일 3%)을 보장하고 리딩방 참여자들에게 지속적으로 매도·매수와 의무보유량 등을 지시하여 투자자들이 이를 믿고 따르는 가운데 어느 날 매수 추천을 한 직후 가격 고점에서 코인을 대량 매도한 경우 (사안 ⓒ)
- 코인거래소가 가공코인과 원화를 보유하고 있는 것처럼 자산보유량 포인트 정보를 거짓으로 입력하고 가장매매나 자전거래로 거래주문량과 체결량을 부풀려 매매의 성황을 이루게 하여 양도차익을 올리고, 이를 보고 예탁금을 입금하고 거래에 참여한 투자자들이 거래수수료를 내면서 거래했지만 양수차손을 입었고 예탁금도 일부 편취당한 경우 (사안 ⓑ)
- 코인을 실제로 발행하고 (강화되기 이전의) 상장심사기준을 대부분 충족하고 상장하였지만 백서에 코인사업회사 CTO로 사업에 참여하지 않은 지인 개발담당자를 기재하였고, 코인플랫폼사업의 계획은 어느 정도 실행하다가 여러 가지 이유로 중단한 경우 (사안 ⓐ)

첫째, 사안 ⓓ에서 수익의 원천에 관해 허위사실을 고지하는 기망은 양심을 저버린 술책의 사용이고(요소 ①), 폰지사기의 피해투자자들은 과도한 수익욕이 있지만, 대체로 노령이나 경험과 지식의 부족으로 보호필요성이 높은 사람들이라서 그 경솔한 신뢰에 대해 자기책임이 없다(요소 ②)고 보아 이들의 신뢰에는 보호가치가 인정된다. 둘째, 사안 ⓒ에서도 리딩방 운영자가 전문적인 지식과 경험으로 양심을 저버린 술책을 사용하였고(요소 ①), 그런 교활한 기망의 방법이 리딩방 투자자들에게 (당시에 이를 범죄로 처벌하는 코인 불공정거래죄가 없는 상황에서는 더욱) 투자리딩을 따르는 게 성공을 보장해주는 합리적 투자라고 생각하게끔 만들었다면, 투자자에게는 자기책임이 없다(요소 ②)고 볼 수 있고 이들의 신뢰에도 보호가치가 인정된다. 따라서 사안 ⓒ와

ⓓ는 사기죄의 다른 세부요건들(도표 1의 ⑩~⑱)을 충족하면 사기죄 기수가 성립할 수 있다.

셋째, 사안 ⓑ에서 가공코인을 상장·거래하는 것은 행위자가 양심을 저버린 술책을 쓴 경우로 볼 수 있지만(요소 ①), 투자자들이 코인매매로 양수차손을 입거나 수수료를 편취당한 것과 관련해서는, 극도로 "과도한 이윤추구욕"과 극도의 투기적 모험거래성향으로 인해 코인시장에 등장한 공식적·비공식적 정보들을 선별하면서도 매우 경솔하게 신뢰한 점에서 자기책임이 있다(요소 ② 불충족). 이 가운데 수수료 취득 부분에 관해서 가공코인거래행위는 기망의 표지를 모두 충족하고, 가공코인에 대한 불인식은 코인매매에 인과적인 착오라는 점에서 착오의 표지를 상당히 충족한다. 따라서 다른 증거로 미필적 사기고의가 입증될 경우에는 사기미수죄가 성립할 수도 있다. 하지만 거래소가 투자자가 가공코인을 보고 입금한 예탁금 자체를 곧바로 편취한 행위는[18] 투자자에게 자기책임이 없고(요소 ②) 따라서 사기죄 기수가 성립할 수 있다.

넷째, 사안 ⓐ에서 코인사업회사가 사업을 여러 가지 이유로 인해 중단한 것이나 상장 백서에 플랫폼사업회사 CTO의 이름을 거짓 기재하였다는 점은 양심을 저버린 술책을 쓴 경우가 아니며(요소 ① 불충족) 코인을 매수한 피해투자자는 과도한 이윤추구욕에서 경솔하게 신뢰한 것이므로 자기책임이 있다(요소 ② 불충족). 이 경우 신뢰배반의 반도덕적 행위양태로서 기망과 착오 표지는 충족되지 않는다. 따라서 사기고의도 인정할 수 없고, 사기미수죄도 성립할 수 없다.[19] 여기서

---

18 사안 ⓑ의 모델이 된 실제사건에 대한 서울고등법원 2019. 7. 23. 선고 2019노396 판결과 이 판결을 확정시킨 大判 2019도11294는 사기죄의 기수를 인정한 바 있다.

19 또 다른 예로 D(주)사건을 들 수 있다. U거래소를 운영하는 D(주) 임직원들은 현금 1,221억원이 Up거래소에 예치된 것처럼 허위계정을 만들고 자전거래와 시제조작거래로 비트코인을 사고팔아 1,491억원의 수익을 얻었다. 법원은 자산의 예치사실여부가 입증불명이라는 이유로 사기죄의 무죄판결을 내렸다(서울고법 2020노367 판결; 大判 2022도16718). 만일 허위계정이 사실이었어도 D(주)는 회원의 요구에 지급해야 할

코인 불공정거래행위와 코인투자자의 인지적 오류는 사기죄의 보호법익에 내재하는 '보호 가치 있는 신뢰의 배반'을 함께 구성하는 기망과 착오가 될 수 없다는 점이 분명해진다.

거래의 조건과 내용에 관한 착오, 투자자의 인지적 오류에는 없다

착오는 사기죄의 순차적으로 앞선 요건인 기망이 인과적으로 초래한 결과이면서 동시에 사기죄의 순차적으로 다음 요건인 재산처분(적처분행위, 거래)을 하게 된 원인(cause)이어야 한다. 즉, 허위사실을 인식하지 못한 착오가 없었다면 재산처분을 하지 않았다는 점이 경험칙에 부합하는 것이어야 한다. 이와 같은 착오와 재산처분(거래) 사이의 합법칙적 조건관계를 거래인과관계라고 부르며, 거래인과관계가 있는 착오를 재산처분에 인과적인 착오(줄여서 재산처분인과적 착오)라고 부를 수 있다. 이런 요건은 행위자의 기망과 피해자의 재산처분 사이의 연결고리가 됨으로써 사기죄를 행위자와 피해자 사이의 상호작용범죄(Interaktionsdelikt)로 만든다. 재산처분에 인과적인 착오가 될 수 있는지 여부는 개별사안에 들어가서 그 고유한 특성들을 고려한 가운데 판단하여야 한다. 가령 코인플랫폼사업의 현황에 대해 거짓사실을 시장에 알린 행위를 기망으로, 투자자의 인지적 오류를 그 기망으로 인한 착오라고 가정하더라도, 코인플랫폼사업의 실패가 그 코인의 시장가치와 직접 연관되지 않는 현상[20]은 착오와 재산처분(코인매수)의 인과관계를 부정하게 만든다. 하지만 개별사안들의 전형적이며 공통된 특성

비트코인을 항상 충분히 보유했다는 피고인의 주장을 사실로 인정한다면, 이 사안의 기망행위는 양심을 저버린 술책을 사용한 가공코인사건(사안 ⓑ) 수준의 신뢰배반적 행위가 아니라고 평가할 수 있고 투자자들의 자기책임도 인정된다는 점에서, 이 사안은 사안 ⓑ보다 사안 ⓐ에 더 가깝다고 평가할 수 있다.

20 가령 코인의 생태계 조성과 무관하게 시장가치를 갖는 밈코인(예: DOGE, PEPE)이 있고, 생태계가 조성되었다가 소멸된 후에 밈코인(예: 비트코인골드 BTG)으로 시장가치를 유지하며, 코인발행 후 플랫폼사업 내용이 변경되거나(예: 아즈키라는 NFT사업 → 밈코인사업), 코인재단이나 구성원이 변경되어도(예: KLAY(클레이)와 FNSA(핀시아)가 KAIA(카이아)로 통합됨) 코인의 시장가치가 유지될 수도 있다.

만으로 재산처분에 인과적인 착오를 인정할 수 없게 하는 사례군에 관한 법리가 있다. 대표적으로 동기의 착오와 손해발생은폐기능이 없는 착오의 사례군을 들 수 있다. 이 둘을 순차적으로 다룬다.

먼저 동기의 착오(Motivirrtum)는 허위사실의 불인식이 재산처분에 관한 의사(will, Wille)의 결정에 작용한 것이 아니라, 그렇게 의사결정을 하게 된 내면의 이유나 주관적인 목적, 기대 등과 같은 동기의 형성에 작용한 경우를 말한다. 동기의 착오는 재산처분과의 인과관계(거래인과관계)를 인정할 수 없다. 왜냐하면 매수를 하려는 동기가 형성되는 과정에 착오가 없었더라도 여전히 매매를 하는 의사결정을 내릴 수가 있고, 동기의 착오가 있었더라도 그 동기의 방향과는 정반대로 매매를 하지 않는 의사결정을 내릴 수 있기 때문이다. 이 점을 바탕으로, 동기의 착오는 사기죄의 보호법익인 개인의 재산과 의사결정의 자유를 침범하지 않으며, 따라서 재산처분과 인과관계가 있는 착오 자체가 없다고도 말할 수 있다.[21] 이와 같은 동기의 착오에 관한 법리는 동기의 착오를 원칙적으로 의사표시의 취소사유로 인정하지 않는 민법 제110조와도 정합적인(coherent) 해석이다. 재산처분에 인과적인 착오가 동기의 착오와 구별되는 가장 중요한 점은 거래(예: 계약, 법률행위)의 조건과 내용에 관한 착오라는 점이다. 이에 대한 판단은 구체적인 사안의 해석과 분석에 따라 달라질 수 있다. 대표적인 다음 세 사안을 비교 분석하여 이 기준의 의미를 이해해보자.

- 전용허가를 받지 않고는 건축이 불가능한 절대농지의 매도인이 건축목적으로 토지를 사려는 매수인에게 그 목적을 알면서도 "허가를 받으면 건축할 수 있다"고 말하였고 매수인은 건축허가만 받으

21 독일에서는 사기죄의 2차적 법익을 처분의 자유(Dispositionsfreiheit)라고 표현한다. 이는 재산처분(Vermögensverfügung)에 대한 의사결정의 자유를 함축하는 것인데, 동기의 착오가 아닌 거래의 내용이나 조건에 관한 착오만이 의사결정의 자유가 침해된 재산처분을 하게 만든다고 보는 것이다. 이 관점에 의하면 거래의 내용이나 조건에 관한 착오에 대한 판단은 곧 착오와 재산처분의 인과관계에 대한 판단이 된다.

면 건축이 가능한 토지라고 믿고 매매계약을 체결하였지만, 계약서에는 그 매수목적(건물건축)을 표시하지 않았다. (사안 ⓕ)

- 백화점 여성의류코너 점주가 신상 원피스에 대해 제조업체의 판매희망가격을 할인판매가격으로 표시하고 임의의 할인율을 정하고 역산한 가격을 종전판매가격인 것처럼 꾸몄고, 매장을 방문한 고객들이 이를 보고 구매를 하였다. (사안 ⓖ)
- 철근구입을 위한 교제비로 사용하겠다는 거짓말로 400만원을 빌리면서 철근구입이 되지 않으면 매우 높은 이자를 주겠다고 하였고, 대여자도 대여목적이 실현되지 않아도 매우 높은 이자를 받는다는 점 때문에 대여계약을 체결하였다. (사안 ⓗ)

사안 ⓕ에서 판례(大判 1985도167)는 사기죄의 기망을 인정하면서 "법률행위의 내용으로 표시되지 아니한 의사결정의 동기에 관하여 착오를 일으킨 경우에도 표의자는 그 법률행위를 사기에 의한 의사표시로서 취소할 수 있다"고 판시한 바 있다. 이로써 마치 동기의 착오로도 사기죄가 성립할 수 있는 것처럼 보인다. 그러나 이 사건에서 매수목적(건축)은 비록 매매계약의 내용이 아니고, 더욱이 "법률행위의 중요부분"[22]도 아니지만, 매매의 조건을 이루고 있다. 매수의 의사결정은 그 조건이 충족된다는 전제 하에 이루어진 것이므로, 이 거래조건에 관한 착오는 동기의 착오가 아니라 재산처분에 인과적인 착오이다. 이처럼 의사결정상의 착오와 동기의 착오는 착오를 일으킨 거래조건이 계약서에 명시되어 있는지 여부가 아니라 해당 조건이 거래의 실질적 조건이었는지에 따라 구별되어야 한다. 따라서 위 판례는 의사결정상의 착오를 동기의 착오로 개념화하는 오류를 범한 것일 뿐, 동기의 착오만으로 사기죄의 요건인 착오와 재산처분 사이의 인과관계를 인정한

22 기망은 법률행위의 중요부분에 관한 허위표시임을 요하지 않는다는 大判 2005도5774.

것이 아니다.

사안 ⓖ에서도 판례는 사기죄를 인정한다. 이 사건에서 소비자들이 세일한다고 착각하여 구매할 동기를 더 많이 갖게 되었다면 동기(물품구매동기[23])의 착오를 한 것이지만, 이런 동기의 착오는 설령 의류매매계약서나 영수증에 나타나지 않더라도 "진실규명이 가능한 구체적 사실인 가격 조건에 관"(大判 1991도2944)한 착오이며 구매 의사결정에서 일어난 착오라고 볼 수 있다. 따라서 사안 ⓕ와 ⓖ에서 착오는 재산처분(토지매수, 의류구매)의 원인이 되고, 거래인과관계를 가진다. 다만 실제의 손해발생이 있었다고 볼 것인지는 논란으로 남아 있다.

이에 반해 사안 ⓗ에서 대법원은 사기죄를 인정하지 않는다. 왜냐하면 당초부터 변제할 의사와 능력이 없이 차용한 것이라고 인정되지 않는 한 "차용금 용도가 거짓이었다 하여도 이 기망행위와 피해자의 재산적 처분행위와의 사이에는 상당인과관계가 있다고 보기 어렵"기 때문이다(大判 83도2818). 이 사안에서 대여계약체결(재산처분)은 '매우 높은 이자율'을 고려한 의사결정이므로, 차용금의 용도를 속인 것은 설령 기망의 요건(중요한 허위사실의 고지)을 충족할 수 있어도[24] 대여하는 동기의 착오를 가져왔을 뿐이고 대여 의사결정상의 착오를 가져온 것이 아니다. 왜냐하면 피기망자(대여자)는 차용금의 용도가 거짓임을 알았었더라도 이자율이 매우 높았기에 대여계약을 체결했을 것이고, 반대로 차용금의 용도를 몰랐어도 이자율이 낮았다면 대여계약을 체결하

23 이 사건에 대한 민사판결(大判 92다52665)에서 "물품구매동기에 있어서 중요한 요소인 가격조건에 관하여 기망이 이루어진 것"이라는 판시는 소비자들의 착오가 동기의 착오이면서도 그 내용이 거래에서 중요한 가격조건에 관한 것이기에 구매 의사결정상의 착오이기도 함을 잘 보여준다.

24 이때 기망은 허위사실의 중요성 요건으로서 대여의 의사결정요소까지 갖춘 것일 수 있다. 이 경우 일반적으로는 착오와의 인과관계가 사실상 추정되는 것이지만, 피기망자가 대여이자율이 높았기에 어차피 대여계약을 체결할 생각이었을 경우에는 사실상 추정이 깨지고, 기망이 대여동기를 형성한 많은 요인 가운데 하나로만 남게 되면, 피기망자는 대여계약의 조건과 내용에 관한 착오가 아니라 동기의 착오를 한 것으로 볼 수 있다.

지 않았을 수 있기 때문이다. 다시 말해 높은 이자율은 거래(계약, 법률행위)의 내용과 조건이지만, 차용금의 용도는 거래의 여러 동기들 가운데 하나일 뿐이므로, 그런 동기(차용금용도)의 착오와 재산처분(높은 이자율의 대여계약) 사이에는 인과관계(합법칙적 조건관계)를 인정할 수 없는 것이다. 물론 이와 달리 대여금의 용도가 계약당사자들 사이에서 대여계약의 실질적 조건이었던 경우에는 당연히 동기의 착오가 아니라 의사결정상의 착오가 되고, 착오와 재산처분 사이의 인과관계도 인정될 수 있다.[25]

이렇게 볼 때 대법원이 재산처분에 관한 의사결정상의 착오를 구체적 사안에 따라 '동기의 착오'라고 표현하기는 하지만, 그 착오내용의 실질이 거래의 조건과 내용인 경우에 사기죄를 인정하는 것으로 보인다. 따라서 이론적인 의미에서는 대법원도 독일연방법원[26]과 마찬가지로 동기의 착오와 거래의 조건에 관한 착오, 바꿔 말해 재산처분에 관한 의사결정상의 착오(재산처분에 인과적인 착오)를 구분하는 것으로 볼 수 있다.

그러면 불공정거래행위의 영향 속에서 유통시장으로 기능하는 거래소의 코인투자자가 겪는 인지적 오류는 매수 의사결정상의 착오가 될 수 있을까? 앞서 자세히 분석한 바와 같이 코인시장의 투자자들은 불공정거래행위가 시장에 창출·제공하는 정보를 포함하여 접근가능한 모든 투자정보를 각자 나름대로 해석·평가하고, 이를 기억·학습하며, 그러한 정보들의 의미(특히 가격영향력)를 비교·분석하고 형량함으로써 여러 가지 (매매)결정방안들을 추론해내는 주체적인 인지과정을 통해 최종적인 투자(매수)결정을 한다. 이때 해석적으로 고려하는 투자정보들로는 불공정거래행위가 시장에 창출·제공하는 정보 이외에도 매우 다양하고 많다는 점에 주목해야 한다. 가령 코인의 합법화정책, ETF 편

---

25 大判 83도1085; 2003도4450, 2003도5382 등은 이런 입장으로 볼 수 있다.
26 독일연방법원의 판례로 BGHSt 14, 171; 16, 321; BGH 2 StR 437/20 참조.

입, 코인가격변동의 차트 등과 같은 합리적 요소는 물론이고 일론 머스크의 즉흥적인 코인관련발언, 왠지 장래가 좋을 것 같다는 예감(예: 느낌 좋은 코인), 예쁘다고 느끼는 코인의 이름(예: 세러미, 보라, 시아코인), 맘에 드는 코인의 도안 등과 같은 비합리적·감정적 요소들도 투자영향요소가 되고 있다.

이러한 투자현실로부터 몇 가지 점을 추론할 수 있다. 첫째, 코인 투자자들은 불공정거래행위의 영향을 받은 인지적 오류를 겪었어도 다른 투자정보를 다르게 해석하고 종합하였다면 동일한 매매를 하지 않았을 수도 있고, 거꾸로 그런 인지적 오류가 없었더라도 다른 투자정보를 다르게 해석하고 종합하였다면 역시 동일한 매매를 했었을 수도 있다. 둘째, 코인투자자는 인지적 오류의 한 영향요소일 뿐인 불공정거래행위가 시장에 창출·제공한 정보내용으로부터 수익의 기대[27](expectation of profit)를 가지기는 하지만, 그런 기대를 코인매수의 조건으로 삼는 것은 아니다. 셋째, 더 나아가 코인투자결정에서 인지적 오류는 성공한 투자와 실패한 투자를 불문하고 누구에게나 일어날 수 있는 의사결정에 수반되는 통상적인 현상이다.

그러므로 시장기망행위가 영향을 미치는 코인투자자의 인지적 오류는 설령 그것을 법적 개념으로 착오라고 부르더라도, 그 착오는 동기의 착오(Motivirrtum)로 분류될 수 있고, 재산처분(코인매매)의 원인이 된다고 볼 수 없다. 다시 말해 불공정거래행위가 기여하는 인지적 오류의 법적 최대한은 수많은 다양한 투자정보들과 함께 재산처분의 동기를 형성하는 착오일 뿐, 거래(코인매매)의 조건에 관한 착오(재산처분에 인과적인 착오)에 이를 수 없다.

이 책에서 비교분석하는 사안들(ⓐⓑⓒⓓ)에 대한 판단을 해보면

---

27 이는 Securities and Exchange Commission v. W. J. Howey Co., 328 U.S. 293 (1946)에서 세워진 하위테스트(Howey Test) 기준 중의 하나(3. 투자자에게 **수익기대**(expectation of profit)를 줌)로서 불공정거래행위죄인 미국 증권법 Rule 10b-5 적용의 전제조건인 증권성(security)의 구성요소이다.

코인 불공정거래행위의 영향 속에서 투자자들이 인지적 오류만 겪은 경우(사안 ⓐ)는 동기형성적 착오일 뿐이고 거래의 조건에 관한 착오(재산처분에 인과적인 착오)가 아니다. 이에 반해 폰지사기형태(사안 ⓓ)나 리딩방사기형태(사안 ⓒ)에서 피해투자자들은 고수익을 보장받는 대가(급부: 코인매수대금, 리딩방지시준수)로서 코인을 매수한 것이므로 투자자들은 거래의 조건에 관한 착오(재산처분에 인과적인 착오)에 빠졌다고 볼 수 있다. 또한 거래소가 트레이딩화면에 띄운 가공코인을 매수한 투자자들(사안 ⓑ)은 거래할 코인이 당연히 존재한다고 생각하고 매수했다는 점에서 거래의 조건에 관한 착오에 빠진 것이고, 그런 착오는 재산처분에 인과적인 착오라고 볼 수 있다.

착오의 손해발생은폐기능, 투자자의 인지적 오류에는 없다

착오와 재산처분의 인과관계, 즉 재산처분에 인과적인 착오를 부정하는 법리로는 앞서 다룬 동기의 착오뿐만 아니라 착오의 손해발생은폐이론(Lehre von der unbewussten Selbstschädigung 자기손해 불인식이론)이 있다.[28] 허위사실의 기반 위에서(auf falscher Tatsachengrundlage) 피기망자는 자신이 재산처분을 하면 거래상대방도 반대급부를 이행할 것이라고 신뢰하기 때문에 그 거래로 재산이 감소하게 됨(Vermögensverminderung)을 인식하지 못한다. 여기서 착오의 손해발생은폐기능은 신뢰배반적인 기망이 착오와 재산처분을 관통하는 인과적 영향력을 발휘하는 현상임을 알 수 있다. 그런 점에서 착오의 손해발생은폐기능은 불법을 구성하는 요소라고 볼 수 있다. 가령 20만원 상당의 프린트화를 석판화로 속여 200만원에 판매한 경우 매수인은 그 매매계약(재산처분)으로 180만원의[29] 손해가 발생함을 착오로 인해(허위의 사실기반 위에서) 의식하지

---

28 이런 해석으로 Kindhäuser·Neumann·Paeffgen (Hrsg.), Strafgesetzbuch, Band 2, Auflage, Nomos, 2005, 4571쪽.

29 계약체결사기에서는 거래당사자가 갖게 된 청구권의 가치차액이 곧 손해가 된다. 프린트화 매도인이 갖는 청구권의 가치는 200만원이고, 매수인이 갖는 청구권의 가치는

못한다. 달리 말해 사기죄의 착오는 그에 기반을 둔 재산처분이 손해를 발생시킨다는 점을 은폐하는 기능을 한다. 여기서 사기죄의 보호법익을 개인의 재산과 의사결정의 자유로 바라보는 한, '손해발생은폐기능이 없는 착오는 재산처분에 인과적인 착오가 아니다'라는 사기죄 해석의 법리가 성립한다. 이때 손해는 프린트화사건과 같은 계약체결사기(Eingehungsbetrug)에서는 재산처분과 동시에 (청구권의 가치차액으로) 발생하지만, 계약이행사기(Erfüllungsbetrug)에서는 재산처분 이후의 이행과정에서 발생하므로, 엄밀하게 말하면 손해발생의 위험상황을 가리킨다고 볼 수 있다. 따라서 착오의 손해발생은폐기능은 손해발생 위험상황 은폐기능을 포함하는 개념이다.

물론 현행 사기죄의 법문언(제347조)에는 독일 형법 제263조처럼 손해발생 요건이 명시되어 있지 않다. 하지만 사기죄는 재산에 대한 침해범이므로 손해발생은 사기죄의 '기술되지 않은 구성요건요소'으로 볼 수 있고, 만일 판례처럼 손해발생을 사기죄의 공식적인 요건에서 제외하더라도 여기서 말하는 착오의 손해발생은폐기능은 손해와 자료가 동일한(Stoffgleichheit) 재산상 이득(재산증가)을 은폐하는 기능으로 대체하여 이해할 수 있다. 그러면 착오의 손해발생은폐이론은 이득발생은폐이론과 동전의 양면이 된다.

또한 이 법리는 소송법의 법리로도 재해석할 수 있다. 착오의 손해발생은폐기능이 일종의 보편적인 사회적 경험법칙에 속한다고 본다면, 착오의 손해발생은폐기능은 착오와 재산처분 사이의 인과관계를 불요증사실로 만든다. 이와 정반대로 피기망자가 착오를 가졌지만, 손해가 발생함을 인식하면서 재산처분을 했다면 착오와 재산처분 사이의 인과관계가 없다는 점이 불요증사실이 된다. 물론 손해발생은폐기능을 특수한 사회적 경험법칙의 하나로 본다면 착오와 재산처분 사이의 인과

20만원이므로 그 차액이 180만원이 손해가 된다.

관계는 요증사실로 남게 된다. 하지만 사실상 추정되는 요증사실로 볼 수 있다.

코인 불공정거래의 피해자인 시장참여자들은 앞에서 자세히 검토한 바와 같이 모든 거래에서 정도의 차이만 있을 뿐 언제나 인지적 오류(cognitive error)를 겪는다. 투자자들은 인지적 오류를 겪지만 코인매수를 할 때, 기망에 의한 착오와 달리, 그런 매수(재산처분행위)로 인해 재산상 손해를 입거나(재산감소) 재산상 이익을 얻게(재산증가) 될 가능성을 언제나 의식하고 있다. 그러니까 코인 불공정거래행위의 영향을 받는 인지적 오류는 기망에 의한 착오와 달리 손해발생(위험상황)을 은폐하는 기능이 없다. 그러므로 코인시장 참여자들이 불공정거래행위로 겪는 인지적 오류를 설령 사기죄가 요구하는 기망으로 인한 착오라고 가정하더라도, 그 착오는 손해발생을 은폐하는 기능이 없으므로, 투자자들의 인지적 오류는 코인매수(재산처분)와 인과관계가 없다고 보아야 한다.

이처럼 착오의 손해발생은폐기능이 없는 경우에 사기죄로 처벌할 수 없다는 점은 보조금사기죄에서 명확하게 반증되고 있다. 가령 거짓 사실을 기재한 신청서를 제출하여 국가로부터 보조금을 받는 보조금사기나 가난뱅이인 양 길거리에서 구걸하여 돈을 받아내는 구걸사기는 사기죄 불법의 실질을 상당히 많이 갖고 있지만 착오의 손해발생은폐기능이 없기 때문에 사기죄가 성립할 수 없다. 그렇기 때문에 독일형법은 일반 사기죄(제263조)와는 별도의 독자적인 변형구성요건(제264조)으로 보조금사기죄(Subvebtionsbetrug)[30]를 정하고 있다. 우리나라 보조금법 제40조 제1호의 보조금부정수급죄[31]도 같은 이유에서 사기죄로

30 독일의 보조금사기죄는 1986년 제2차 경제범죄처벌법(2. WiKG)을 통해 입법되었다. 우리나라에서도 형법전典에 보조금사기죄를 입법하여 국가 등의 공적 보조금 부정수급 뿐만 아니라 사적 영역의 보조금 부정수급을 처벌하자는 입법론이 있다. 김동균·송예나, 주요국의 부정수급 관련 법제도: 독일, 한국법제연구원, 2022 참조.

31 보조금법 제40조 제1호("다음 각 호의 어느 하나에 해당하는 자는 10년 이하의 징역

처벌하기 힘든 보조금사기를 처벌하는 규정으로 볼 수 있다. 보조금사기죄나 보조금부정수급죄는 각기 중점의 차이는 있으나[32] 개인의 재산(및 사경제활동의 주체로서 국가의 국고)과 공공재정의 건전성과 같은 보편적 법익을 보호법익으로 삼으며, 침해범이 아니라 추상적 위험범인 점에서 같고, 사기죄와 다르다. 보조금사기죄와 부정수급죄는 불법구성에서도 사기죄와 다른 다음 세 가지 공통된 특징을 갖고 있다.

- 사기죄의 기망보다 외연이 넓고 내포도 농도가 엷은 매우 불명확한 행위양태의 표지들, 예를 들면 "부정한 수단"[33]이나 "부정확하거나 불완전한 정보"(unrichtige oder unvollständige Angaben) 등을 사용한다. (요소 1)
- 재산처분행위자(피기망자, 보조금 지급기관)가 착오에 빠지지 않거나 허위내용을 알았어도[34] 성립할 수 있다. (요소 2)
- 피기망자가 착오를 했어도 손해발생(재산감소)을 의식하고 있어 착오의 손해발생은폐기능이 없는데도 죄가 성립할 수 있다. (요소 3)

가상자산법의 불공정거래죄는 보조금사기죄와 동일한 범죄는 아니다. 하지만 개인의 재산을 보호하는 사기죄와 달리 가상자산시장의 기

또는 1억원 이하의 벌금에 처한다. 1. 거짓 신청이나 그 밖의 부정한 방법으로 보조금이나 간접보조금을 교부받거나 지급받은 자 또는 그 사실을 알면서 보조금이나 간접보조금을 교부하거나 지급한 자")의 법정형(10년 이하의 징역 또는 1억원 이하의 벌금) 중 징역형은 형법 제347조의 법정형(10년 이하의 징역 또는 2천만원 이하의 벌금) 중 징역형과 같고, 독일 형법 제264조(Subventionsbetrug)의 법정형(5년 이하의 자유형 또는 벌금형) 중 징역형보다 중하다. 다만 독일 형법 제263조(Betrug)의 일반 사기죄도 자유형이 5년 이하의 자유형으로서 보조금사기죄의 자유형과 같다.

32 보조금사기죄는 개인의 재산에, 보조금부정수급죄는 공공재정의 건전성에 중점이 좀 더 있다.

33 이는 우리나라 자본시장법 제178조 제1항 제1호와 가상자산법 제10조 제4항 제1호의 "부정산 수단"과 같은 정도로 불명확한 구성요건표지이다. 이러한 비교법적 검토로도 착오의 손해발생은폐기능이 없는 불공정거래행위('부정한 수단을 사용한 거래')는 사기죄가 될 수 없음을 알 수 있다.

34 이는 독일 형법 제264조의 해석으로 통설적인 내용이다. 이에 비해 보조금부정수급죄는 수급자와 지급자를 모두 처벌할 수 있게 한다.

능(효율성과 공정성)이라는 보편적 법익을 보호하는 추상적 위험범이고, 보조금사기죄와 보조금부정수급죄의 위 세 가지 공통요소들도 모두 갖고 있다. 특히 코인 투자자는 불공정거래행위의 영향으로 인지적 오류를 겪더라도 (보조금지급기관처럼) 그 점을 알거나 모르거나 상관없이 거래하며(요소 2), (보조금지급기관처럼) 손해발생(위험상황)도 의식하고 있다(요소 3). 이와 같은 특징으로 말미암아. 코인 투자자가 겪는 인지적 오류는, 보조금 지급기관의 착오가 보조금 지급과 인과관계가 없는 것과 마찬가지로, 코인매매라는 재산처분과 인과관계가 없다. 따라서 착오와 재산처분의 인과관계를 필요로 하는 사기죄는 성립할 수 없다. 그럼에도 불구하고 코인 불공정거래행위를 처벌할 수 있게 하는 법이 바로 보조금사기죄와 유사한 불법구조를 가지고 있는 가상자산법의 불공정거래죄인 것이다.

재산처분과 손해·이득의 법리

코인사기죄가 성립하려면 기망과 착오로부터 인과적으로 초래된 재산처분(Vermögensverfügung)이 있어야 한다. 재산처분은 사기죄의 '기술되지 않은 구성요건표지'이며, 법문언상으로는 "재물의 교부"(를 받거나)[1]나 "재산상의 이익"(을 취득)이라는 표지에 내재하는 요소로도 볼 수 있다. 재산처분은 피기망자(또는 제3자인 본인)에게 직접 손해를 입히고, 기망자(또는 제3자)에게 직접 (손해와 자료가 동일한) 재산상 이익을 가져다주는 것이어야 한다.

재산처분은 재산이전의사로 재산이전행위를 하는 것이다

여기서 재산처분(재산적 처분)이란 재산이전의 의사로 재산을 이전시키는 행위를 하는 것을 말한다. 즉, 재산처분의 표지는 재산이전행위와 재산이전의사가 있어야 충족된다. 재산감소(손해)나 그것과 자료가 동일한 재산증가(이득)는 재산처분(의사와 행위) 개념의 밖에 있는 요소이며, 재산이전행위가 기망과 착오에 의해 왜곡될 때 빚어지는 결과(Folge)이다.

기망행위는 착오와 재산처분을 인과적으로 유발하고 그 결과로 재산감소와 자료가 동일한 재산증가를 동시에 발생시킬 때 사기죄가 성립한다는 의미에서 독일에서는 사기죄를 'Verschiebungsdelikt' 라고도

1 "재물의 교부를 받거나"(제347조 제1항)의 문언은, 절도죄의 "재물을 절취"(제329조)과 재산처분행위의 외형이 필요하지 않다고 보는(大判 85도1527) 강도죄의 "재물을 강취"(제333조)라는 문언과 비교해보면, 피해자가 교부해 주는 행위로서 비록 하자 있는 의사이지만 실질적인 재산처분을 필요로 하는 개념임이 분명하다.

부른다. 이를 번역하면 재산이전범죄가 되므로 여기서 말하는 재산이전 개념과 혼동할 소지가 있다. 그러나 독일의 이 개념은 기망과 착오로 인한 재산처분으로 자료가 동일한 재산이 이전됨으로써 가해자의 재산이 증가하고, 피해자의 재산은 감소하는 상호작용범죄의 측면을 표현하는 것이다.[2]

그러므로 개념적으로 재산이전의사는 자신의 행위로 자신의 재산이 이전된다는 점을 인식·의욕하는 것만을 가리키고, 재산의 이전을 통해 재산이 증가되는지(이득) 감소하는지(손해)에 대한 인식, 즉 재산이득의사나 재산손해감수의사와는 구별되어야 한다. 게다가 재산손해에 대한 인식의 결여는 오히려 착오에 의한 손해발생의 은폐라는 사기죄의 다른 성립요건일 뿐이다. 이렇게 재산이전의사로 이해된 재산처분의사는 '재산을 이전시키지 않는 처분행위에 대한 인식'만으로는 인정될 수 없고, 반면에 처분의 결과로서 처분의 법적 효과에 대한 인식은 필요하지 않다.

그러나 판례는 처분결과의 인식과 재산이전의사를 명확하게 구분하지 못한다. 다음 두 개의 사안을 예로 재산처분의 의미를 밝혀본다.

- B가 토지를 팔아달라고 A에게 중개를 부탁하자, A는 자신의 사업자금을 차용하려고 근저당권설정계약서를 토지거래허가신청서라고 속여 A의 서명을 받아낸 후 A의 땅을 담보로 1억원을 대출받았다. (사안 ⓙ)
- B는 자신의 토지에 근저당권을 설정해달라는 친구 A의 부탁을 들어주기로 하였지만, A가 근저당권설정계약서상 채권최고액이 1억원인데 5천만원이라고 거짓말을 하였음에도 이를 믿고 근저당권설정계약서에 서명하였다. (사안 ⓚ)

---

2 이는 독일의 통설적인 이해이다. 이런 이해의 시작인 August Hegler, "Die Systematik der Vermögensdelikte", ARSP Vol. 9, No. 4, 1916, 373~374쪽에 의하면 사기죄는 재산이전의 의사와 그 의사를 확인해 주지만 의사의 진실한 내용에 반하는 행위가 있어야 성립하는 범죄이다.

흔히 서명사취사기라고 불리는 사안 ⓙ에서 대법원은 "처분결과에 대한 인식"이 필요하다는 과거의 판례(大判 2011도769)를 변경하여 처분결과의 인식은 불필요하고 "재산상 손해를 초래하는 재산적 처분행위로 평가"되는 작위 또는 부작위를 인식하는 것만으로 재산적 처분의사를 인정한다(大判 2016도13362).[3] 따라서 피기망자(B)가 근저당권설정계약의 체결을 몰랐어도 서명한다는 점(작위행위)을 인식했고, 그 서명으로 인해 그에게 재산상 손해가 발생했다고 평가되면 사기죄가 성립하게 된다. 그러나 판례가 이 사안에서 말하는 작위나 부작위의 인식은 법학에서 극복된 '자연주의적 인식론'(naturalistische Erkenntnistheorie) 위에 서 있는 것이다. 또한 판례는 처분결과로 이해할 수 있는 처분의 법적 효과(예: 근저당권설정계약성립)의 인식과 재산이전의사를 구분하지 못하고 있다.

그러나 재산처분자에게 필요가 없는 것은 처분결과로서 처분의 법적 효과에 대한 인식일 뿐, 재산이전의사가 아니다. 사안 ⓙ에서 피기망자(B)는 서명이라는 처분결과나 처분의 법적 효과에 대한 인식뿐만 아니라 재산이전의사 자체가 없다. 왜냐하면 반드시 매매계약서 작성 이전에 해야 하는 토지거래허가신청서의 서명은 재산을 이전시키지 않는 처분행위이기 때문이다. 이에 비해 사안 ⓚ에서 서명자(B)는 처분결과로서 처분의 법적 효과(예: 1억원까지 담보)를 인식하지는 못했지만 자신의 서명으로 재산이 이전됨(예: 근저당권설정)을 인식하였으므로 재산처분(행위와 의사)의 요건이 충족되고 사기죄도 성립할 수 있다.

재산처분의 표지를 이상과 같이 이해하다면 코인 불공정거래행위가 있는 코인시장에서 투자자들의 코인거래는 재산처분의 요건을 충족하

3 처분결과에 대한 인식뿐만 아니라 인식가능성으로도 재산처분을 인정하자는 김재봉, "사기죄의 본질과 처분의사의 내용", 형사법연구 제30권 제4호, 165쪽. 그러나 인식가능성은 실제적인 의사의 내용이 아니라 규범적 가치판단으로 채워지기 쉽다. 처분의사를 처분결과에 대한 인식이 아니라 재산의 감소나 증가와 구분되는 이전에 대한 의사라고 보면 이처럼 처분결과에 대한 인식가능성이라는 개념은 필요하지 않다.

는 것일까? 투자자(매수자)들은 코인거래소에서 주문을 내어 코인을 사고파는 행위를 한다. 이는 '재산(금전)의 이전'을 가져오므로 재산처분행위의 요건을 일단 충족한다. 물론 코인 매수주문을 냈다가 취소한 경우는 그로 인해 투자자의 재산에 어떤 변화도 일어나지 않으므로 아직 재산처분행위가 있다고 볼 수 없다. 또한 여기서 재산처분행위는 코인거래소가 하는 것이 아님에 주의할 필요가 있다. 예탁된 코인의 소유자이면서 매매체결 플랫폼을 제공하는 코인거래소는 매도인의 대리인으로서 제3자를 위한 사기죄의 기망행위를 하는 것이 아니고, 매수인의 대리인이나 사실상 처분권한자가 아니어서 삼각사기(Dreiecksbetrug) 형태의 재산처분행위를 하는 것도 아니기 때문이다. 재산처분행위를 하는 사람은 오직 투자피해를 입는 매수자들이다. 즉, 매수자는 주문행위를 함으로써 거래소의 자동적인 체결기능에 의해 코인매매에 대한 재산처분행위를 하고 있는 것이다. 또한 코인 매수자는 주문행위를 할 때 매매체결로 '재산(금전)이 이전된다'는 점을 인식·의욕하는 것이므로 재산처분의사의 요건도 일단 충족되는 것처럼 보인다. 이때 코인 투자자가 개인적으로 자신은 결코 손해를 입지 않고, 반드시 재산상 이익을 얻을 것이고, 그래야 한다는 강력한 목표지향적인 의사를 갖고 있더라도 이는 희망하는 '처분결과'(재산증가)에 대한 강력한 의사일 뿐, 코인매매를 하는 재산처분의사를 인정하는데에는 아무런 장애가 되지 않는다.

하지만 사기죄를 기망하는 가해자와 착오로 재산처분을 하는 피해자의 상호작용범죄(Interaktionsdelitkt)로 이해하는 한, 기망이 의사결정의 자유를 침해하는 착오를 일으키고, 그 착오가 재산처분의 인과적 기반이 되어야 한다. 따라서 재산처분행위는 기망과 착오에 의해 의사결정의 자유가 침해된 재산처분의사(재산이전의사)에 의한 것이어야 한다. 만일 그와 같이 의사결정의 자유가 침해된 재산처분의사가 없는데도 사기죄를 인정한다면, 사기죄의 상호작용범죄의 성격을 부인하는 것이 되며, 이는 곧 기망과 착오 그리고 재산처분을 관통하는 인과관계의 필요성을 부인하는 것이 된다.

코인 불공정거래행위는 재산처분의 표지를 충족할 수 없다

이와 같은 재산처분의 법리를 사안 ⓐ처럼 거래소의 유통시장에서 일어나는 코인불공정거래행위에 적용해보자. 코인 불공정거래행위의 영향 속에서 투자자들은 인지적 오류(cognitive error)를 겪을 뿐이다. 그런 인지적 오류의 상태에서 투자자들이 한 재산처분(코인매수)은 재산처분의 표지를 충족할 수 없다. 왜냐하면 인지적 오류만으로는 의사결정의 자유에 대한 침해를 인정할 수 없고, 인지적 오류만을 겪은 투자자의 코인매매는 의사결정의 자유가 침해된 (재산처분)의사에 의한 재산처분(행위)이 아니기 때문이다. 물론 사기죄의 상호작용적 요건에서 기망과 착오, 재산처분을 모두 분절하고 각각을 고립시키고 형식적으로만 파악한다면 인지적 오류를 겪는 코인투자자들의 코인거래도 재산처분의 표지를 충족한다고 볼 여지가 있다. 그러나 이 역시 사기죄가 상호작용범죄가 아니라는 전제에서만 성립할 수 있는 논리이다.

다음으로 사안 ⓑ에서 첫째, 거래소가 자신의 가공코인을 상장하고 자전거래, 시세조작 등 불공정거래행위를 하여 양도차익을 얻은 행위 역시 재산처분의 표지를 충족할 수 없다. 먼저 코인거래에서 코인의 존재는 통상적으로 거래의 조건이므로 가공코인의 기망은 동기의 착오가 아니라 '재산처분에 인과적인 착오'를 초래한 것으로 볼 수 있다. 그러나 코인거래소가 가공코인에 대한 불공정거래행위로 양도차익을 얻는 동안 그 거래소시장에 참여한 투자자들의 코인매수 자체는 그와 같은 재산처분에 인과적인 착오와는 인과적으로 단절된 인지적 오류 속에서 이루어질 뿐이다. 따라서 기망으로 인해 의사결정의 자유가 침해된 의사에 의해 재산처분행위를 했다고 볼 수 없다. 둘째, 사안 ⓑ에서 투자자들은 자동으로 차감·납입되는 수수료를 코인매매로 수익을 올리기 위한 불가피한 기회비용이면서, 코인매매체결의 필수비용으로 생각한다. 투자자들은 가공코인임을 알게 되었어도 코인 매매가 성황을 이루면 수익을 얻고자 계속 매매를 하기도 한다.[4] 이 두 가지 점을 종합해보면, 투자자는 수수료에 대해서도 가공코인의 기망과 착오로 인해 의사결정의 자유가 침해된 재산이전의사를 갖고 있다고 보기 어렵다.[5] 따라서 거래소가 가공코인의 거래수수료를 취득한 행위도 재산처분의 표지를 충족하지 못한다.

이상의 경우들과 달리 신뢰배반적인 기망을 하고, 인지적 오류를 넘어서는 착오의 표지를 오롯이 충족시키는 코인거래행위들은 의사결정의 자유가 침해된 재산처분의사의 요건도 충족할 수 있다. 이 책에서 주로 다룬 사안들을 예로 설명해보자. 첫째, 사안 ⓓ처럼 코인을 폰지판매한 경우에 투자자들의 코인매수는 기망과 착오로 인해 의사결정의 자유가 침해된 재산처분의사에 의한 것이다. 둘째, 사안 ⓑ에서 가공코인을 상장시킨 거래소가 처음부터 고객이 이를 보고 자신의 계좌에 입금하는 원화(예탁금)를 편취할 의사였고 실제로 투자자가 현금을 입금하면 바로 인출하거나, 투자자가 가공코인과 다른 코인들을 매매하고 남은 예탁금 잔액을 뒤늦게 편취할 의사가 생겨 인출하는 행위도 재산처분의 표지를 충족한다. 왜냐하면 투자자의 원화입금(재산처분행위)은 가공코인의 기망과 착오로 인해 의사결정의 자유가 침해된 재산처분의사에 의해 이루어졌기 때문이다. 셋째, 사안 ⓒ처럼 리딩방에서

4 최근에는 코인거래소에서 어떤 코인의 거래종료일(사실상 상장 폐지)을 1달전에 미리 예고하는데, 그래도 투자자들은 그 남은 1달 기간에 그 코인의 거래에 적극적으로 참여하여 수익을 올리려고 한다.

5 여기서 기망-착오-재산처분의 순차적 인과관계의 요청으로 기망은 의사형성요소가 되는 사실에 대한 것, 착오는 동기의 착오를 넘어서 거래의 조건에 관한 착오(재산처분에 인과적인 착오)가 있어야 하지만, 그런 기망이 있어도 거래의 조건에 대한 착오가 일어나지 않을 수 있고, 재산처분에 인과적인 착오가 있어도 의사결정의 자유가 침해된 의사에 의한 재산처분이 안 될 수도 있다는 점을 알 수 있다. 이는 기망, 착오, 재산처분 표지가 사기죄를 상호작용범죄로 만들면서도 각 표지는 상대적인 독자성을 가질 수 있음을 보여준다.

높은 수익률(매일 3%)을 보장받고, 매일 코인의 매도·매수 지시를 받으며 매수량의 25% 보유의무를 진 투자자들의 코인매매(재산처분행위)도 리딩방의 지속적인 기망으로 착오에 빠져 의사결정의 자유가 침해된 재산처분의사에 따른 것이다. 따라서 재산처분의 표지를 충족한다.

재산상 손해와 이득의 직접성, 양수차손을 입은 코인매수에는 없다

사기죄가 성립하려면 기망행위에서 재산상 이익취득에 이르는 전 과정에 인과관계가 관통해야 한다는 요청은 재산처분과 손해발생이나 재산이득 사이에도 마찬가지이다. 재산처분과 재산손해 또는 재산상 이득 사이의 인과관계를 판단하는 독일의 중요한 법리로 손해(재산감소)의 직접성(Unmittelbarkeit der Schadensminderung) 원칙이 있다.[6] 피기망자의 재산처분은 직접적으로(unmittelbar) 손해를 발생시켰어야 한다는 것이다. 판례처럼 손해발생을 사기죄의 '기술되지 않은 구성요건요소'로 보지 않더라도 재산상 이익은 손해를 원천으로 취득한 것(손해와 이득의 자료동일성 Stoffgleichheit)이어야 하므로, 손해발생의 직접성 원칙은 "재산상의 이익"의 규범영역을 제한하는 요소로도 볼 수 있다. 이를 재산상 이득의 직접성 원칙이라고 부를 수 있다. 두 가지 사례를 비교하자.

- A가 B에게 그의 자동차를 시세보다 잘 팔아주겠다고 속이고 백지의 자동차매매계약서에 B의 서명을 받아낸 후 B에게 알리지 않고 매수인을 C로 기재하고, 매매가격은 시세(1억원)보다 현저히 저렴한 3천만원을 기재하여 계약서를 완성하였다. (사안 ⓘ)
- A가 B에게 세금과 채무를 자신이 변제하겠다고 속이고 그의 명의를 대여 받아 호텔을 운영하여 B에게 호텔에 관한 각종 세금과 채무를 부담하게 함으로써 재산상 이익을 취득하였다. (사안 ⓙ)

---

6 독일 연방법원의 입장(BGH 14, 171)이며 학계의 통설(Schönke/Schröder, StGB Kommentar, 28. Auflage, C.H.Beck, 2010, §263 참조)이기도 하다.

사안 ⓘ는 독일의 사기죄에서 재산처분에 의한 손해의 직접성을 설명하는 대표적인 교과서사안(Lehrbuchfall)이다. 피기망자(B)가 매매계약서에 서명한 것은 재산처분(재산이전)행위에 해당한다. 그러나 재산상 손해나 제3자(C)의 재산상 이득은 이 재산처분행위로는 아직 발생하지 않고, 기망행위자(A)의 계약서 완성행위에 의해서 비로소 발생한다. 여기서 피기망자의 재산처분행위는 인정되지만 손해(와 이득)를 '직접'(unmittelbar) 발생시킨 것이 아니라고 본다. 따라서 기망행위자는 사기(계약체결사기)[7]죄가 성립하지 않고 사문서위조 및 행사죄만 성립하게 된다.

사안 ⓙ에서 대법원은 B의 명의대여행위만으로 "A의 채무를 면하는 재산상 이익을 취득하는 B의 재산적 처분행위가 있었다고 보기 어렵다"(大判 2012도4773)고 판시한다. 대법원은 직접성의 법리를 모르거나 알더라도 원용하지 않은[8] 채 피기망자의 재산적 처분행위가 없다는 논증으로 독일의 직접성 법리와 사실상 같은 결론에 이른 것이다. 그러나 명의대여는 비록 명의차용인의 채무를 종국적으로 면제시키지는 못하지만 상법 제24조에 의해 명의차용인과 연대책임을 부담하게 되고, 실질과세원칙('실질사업자에게 과세되어야 한다')에 위배되는 과세처분을 받을 될 가능성이 있다. 즉 명의대여계약 이후 명의차용인이 약속을 이행하지 않아서 그의 채권자가 명의대여자에게 먼저 변제를 요구하거나 국세청이 실질과세원칙에 위배된 과세처분을 하게 되면 명의대여자는 재산상 손해(부진정연대채무, 과세처분취소의 비용부담)를 입게 되고, 명의차용인은 재산상 이익(채무면제, 조세회피)을 얻게 된다. 또한

---

7 계약체결사기(Erfüllungsbetrug)는 Detlev Geerds, Wirtschaftsstrarecht und Vermögensschutz, Schmidt–Römhild, 1990, 164쪽 아래 참조.

8 예를 들어 소유권이전등기절차이행의 소에서 쌍방의 소송대리인이 화해한 소송사기 사건에서 "화해의 효력은 소송당사자들 사이에만 미치고 제3자인 토지소유자에게는 미치지 아니"하므로 법원의 화해조서 작성행위는 재산처분행위가 아니라고 본 판례(大判 87도1153)는 사실상 '재산처분에 의한 손해발생의 직접성 이론'의 취지와 같은 것으로 해석할 수 있다.

사안 ⓙ는 계약체결로 바로 손해와 이득이 발생하는 계약체결사기가 아니라 계약의 이행 단계에서 손해와 이득이 발생하는 계약이행사기의 형태임을 고려해보면, 더욱 더 명의대여는 그 계약 당시에 이미 재산처분(재산이전)에 해당한다고 볼 수 있다. 그러므로 사안 ⓙ에서 명의차용인(A)에게 사기죄가 성립하지 않는 것은 명의대여인(B)의 재산처분행위가 없어서가 아니라 명의대여라는 재산처분행위에 의해 재산상 손해와 이득이 직접 발생하지 않고, 채권자의 변제요구나 국세청의 과세처분과 같은 제3자의 행위에 의해서 간접적으로 발생하기 때문이다. 이처럼 손해와 이득의 직접성 없다면 사기죄가 성립할 수 없고, 명의대여가 조세회피를 목적으로 하는 경우에 한하여 조세범처벌법 제11조[9]의 사업자등록 명의대여죄가 성립할 뿐이다.

그러면 사안 ⓐ와 같이, 코인거래소의 유통시장에서 불공정거래를 한 매도인이 재산상의 이익(양도차익)을 얻고, 같은 거래소시장에서 그 코인의 경쟁매매에 참여한 투자자(매수인)[10]들이 손해(양수차손)를 입었다고 할 때, 불공정거래행위자의 양도차익은 투자자(매수인)의 매수행위로부터 직접적으로 발생한 것이라고 말할 수 있을까?[11] 다음 세 가지 이유에서 양도차익은 법적으로도 사실적으로도 투자자의 매수행위로부터 직접 발생할 수 없다.

첫째, 코인의 매매는 거래당사자와 계약을 맺는 코인거래소의 자동체결방식의 (유사)위탁매매에 의해 이루어진다는 점이다. 코인의 매도

9 조세범처벌법 제11조은 명의차용인을 2년 이하의 징역 또는 2천만원의 벌금에 처하고(제1항), 명의대여자를 1년 이하의 징역 또는 1천만원 이하의 벌금에 처하고 있다.

10 여기서 매수인은 투자자로서 매수와 매도를 모두 하지만, 매수를 통해 최종적으로 양수차손을 입은 사람을 가리키는 개념이고, 매도인은 불공정거래행위를 하여 코인을 매도와 매수를 모두 하지만 매도를 통해 최종적으로 양도차익을 실현한 사람을 가리키는 개념으로 사용한다. 실물시장에서 매매를 하는 대립당사자로서 매도인과 매수인을 가리키는 개념이 아님에 주의를 요한다.

11 여기서 매수인은 매수 후 불공정거래행위가 진행 중일 때 저가 매도하거나, 불공정거래행위 후에 매수하였다가 저가매도하거나, 계속 보유하던 중 코인의 상장이 폐지되어 투자손실을 입은 모든 시장참여자를 대표하는 개념이다.

인은 상법상의 위탁매매(상법 제103조)와 달리 코인의 소유권을 코인거래소에 이전시키고, 어떠한 공유지분도 갖지 않은 상태에서 매도주문을 내어 (유사)위탁매도를 할 뿐이고 코인의 매수인과 직접 매매계약의 당사자가 되지 않는다. 매매가 체결되면 그 매도가액은 코인거래소에 대한 보유자산이 되고, 매도인은 출금절차(본인인증절차 포함)를 통해 그 처분가액(보유자산)의 지급을 청구하여 자신의 개인계좌로 이체받을 권리(채권)만을 가진다. 또한 매수인도 매수주문을 내서 (유사)위탁매수를 하는 것이고, 코인을 매수하는 계약이 체결되어도 그 코인은 여전히 코인거래소의 소유로 남아 있고, 매수인은 그 코인을 개인지갑(wallet)으로 옮기는 청구권(채권)을 가질 뿐이다. 이처럼 코인의 매도인과 매수인은 코인거래소에 대해 각기 다른 청구권(채권)을 가질 뿐이므로, 코인 매도인의 양도차익이 '법적으로' 매수인의 매수행위로부터 직접 발생했다고 보기 어렵다.

둘째, 매수인의 손해는 매매계약이 체결된 시점, 즉 코인소유권이전청구권이 발생한 시점에 이미 발생하는 것이 아니라, 그 이후 소유권이전을 청구할 대상물인 코인의 가치가 다양한 변수들이 함께 작용한 가운데 하락함으로써 발생한다. 다시 말해 불공정거래를 한 매도인이 매도 후 갖는 청구권의 금전적 가치(출금가능액)와 매수인의 코인소유권이전청구권의 금전적 가치(코인가격) 사이의 차이는 길든 짧든 일정한 시차時差를 두고 발생한다. 그런데 이와 같은 양도차익과 양수차손의 시차에는 수많은 사람들의 매매가 개입하기 때문에 불공정거래행위를 한 매도인의 양도차익이 '사실적으로' 손실을 입은 특정 매수인의 매수행위로부터 직접 발생한다고 볼 수 없다. 다시 말해 매수인의 양수차손과 자료가 동일한 매도인의 양도차익이 매수인의 재산처분(매수)에 의해 직접 발생하지 않는 것이다.

셋째, 이와 같은 구조적인 시차를 전제하는 매수인의 재산손해(양수차손)와 매도인의 재산이득(양도차익)은 동일한 원인의 개별적인 (위탁)

매매계약으로 발생하는 것이 아니라 불특정 다수인 간의 경쟁매매시장인 코인시장의 미분화된 다기능이 개입함으로써 발생할 수 있는 것이다. 그 한에서 매수인은 '법적으로는' 간접적으로만 양수차손을 입는 것이고, 매도인도 간접적으로만 양도차익을 얻는다고 말할 수 있다. 이러한 결론은 사기죄의 재산 개념을 가장 넓은 의미인 경제적 재산으로 해석한다고 해도 달라지는 것은 아니다.

이와 같은 세 가지 이유는 사안 ⓐ에서 뿐만 아니라 사안 ⓑ에서 코인거래소가 가공코인의 불공정거래행위로 양도차익을 얻고, 그 거래시장에 참여한 투자자가 양수차손을 입는 경우, 사안 ⓒ에서 리딩방 운영자의 대가성 고수익 보장의 말에 속아 리딩방이 지속적으로 지시하는 바대로 코인거래를 하다가 운영자가 어느 순간 대량매도로 양도차익을 얻고, 투자자들은 양수차손을 입는 경우에도 그대로 타당하다. 즉 이 경우들도 기망행위자들의 양도차익과 투자자들의 양수차손은 재산처분에 의해 직접적으로 일어난 것으로 볼 수 없다. 따라서 재산처분과 투자자들의 양수차손, 재산처분과 불공정거래행위자의 양도차익 사이에는 인과관계가 없다.

이에 반해 코인매도인이 불공정거래행위를 한 것을 넘어서 사안 ⓓ처럼 코인폰지판매를 한 경우나 사안 ⓑ처럼 코인거래소가 가공코인을 상장하여 그 가공코인을 거래하려는 투자자가 입금한 예탁금을 편취하거나 가공코인에 대한 투자자의 거래수수료를 그의 계정에서 차감하여 취득한 경우는 재산처분에 의한 손해 또는 이득의 직접성 요청을 충족한다고 볼 수 있다.

코인매수자는 불공정거래로 인한 손해위험을 스스로 인수한다

사기죄의 재산손해(와 자료가 동일한 이득)는 매수와 매도를 반복하는 코인투자행위에서도 원칙으로는 각 매매(매수–매도)마다 그 전후의 재산을 비교한 결과 밝혀지는 재산감소이어야 한다. 그러나 이런 의미의 재산손해가 어떤 불공정거래행위에 의해 얼마나 초래된 것인지를 합리적 의심을 남기지 않을 정도로 입증한다는 것은 거의 불가능하다. 그렇지만 여기서는 그와 같은 의미의 재산손해를 확정할 수 있고, 코인불공정거래행위는 기망, 착오, 재산처분, 재산처분에 의한 손해와 이득의 직접성 등의 요건도 충족한다[12]고 가정해보자. 그래도 코인불공정거래행위가 사기죄의 객관적 구성요건을 충족하는지를 심사하는 마지막 단계가 남아 있다. 즉. 매수인의 손해가 매도인의 불공정거래행위에 객관적으로 귀속가능한 것인가라는 문제가 남는다. 이 귀속가능성 문제는 판례의 용어로는 인과관계의 상당성 문제라고 할 수 있다.

이런 의미의 객관적 귀속의 척도로 중요한 것은 록신(C. Roxin)이 확립한[13] 양해(또는 동의) 있는 타인위태화로 번역되어 학계에서 통용되고 있는 타인위태화의 내면적 동의(Einverständliche Fremdgefährdung)이다.[14] 이 법리는 타인으로 하여금 자신을 위태화 하는 것에 대해 (반드시 공식적인 승낙일 필요가 없고) 내면적 동의(Einverständnis)[15]를 하면 그 위태화의 결과는 피해자를 위태화하는 타인의 행위(Fremdgefährdung)에 귀속시킬 수 없다는 것이다. 가령 비행기 출발시간이 촉박한 승객의 요구를 들어준 택시기사가 과속 주행을 하다가 교통사고를 내서 그 승객을 다치게 한 경우에 그 승객의 상해는 택시기사의 과속주행행위에 귀속시킬 수 없다.[16] 이때 타인위태화란 타인이 피해자의 법익을 침

---

12 여기서 가정은 코인불공정거래행위가 창출(기망으로 의제)한 정보로 인해 인지적 오류(착오로 의제)를 겪는 시장참여인(피기망자로 의제)이 입는 투자손실(손해로 의제)과 불공정거래를 한 매도인의 매도차익(손해와 자료가 동일한 것으로 의제)이 모두 그 시장참여인의 매수행위(재산처분행위)로부터 '직접' 발생한다고 보는 것이다.

13 Claus Roxin, "Die strafrechtliche Bedeutung einverständlicher Fremdgefährdung", JZ 1963, 163쪽 참조.

14 독일어 Einverständnis는 양해 또는 동의라고 번역한다. 한국어와 독일어의 차이가 각 단어마다 다르고 부분적으로 교차되기도 하지만, 공식적인 합의나 동의(Zustimmung), 수락 등의 의미보다는 어떤 상황을 수긍하는 포괄적이고 내면상태로서 동의를 뜻한다. 이런 동의를 '내면적 동의'라고 번역할 수 있다.

15 동의를 중심으로 이 객관적 귀속척도를 논의하는 강수경, "동의 있는 타인위태화에 관하여", 부산대 법학연구 제65권 제1호, 2024, 151~176쪽 참조.

해할 위험을 발생시키는 것을 말하고, 이때 위험의 발생은 위험의 최초 창출 뿐만 아니라 기존의 위험을 증가시키는 것(Risikoerhöhung)을 포함한다. 내면적 동의에 의한 타인위태화의 법리를 적용하려면 그에 앞서 창출 또는 증가된 위험이 결과발생에 실현되었다는 전제가 충족되어야 한다. 여기서 위험이 결과에 실현되었다고 보기 위한 기준으로 위험증가율을 사용한다. 위험이 발생한 결과에 실현되었음을 인정하는데 필요한 위험증가율에 관해서는 5~10%의 위험증대설, 50% 이상의 상당위험증대설, 90% 이상의 무죄추정설(시민자유우선원칙 in dubio pro libertate)이 대립한다.[17] 무죄추정설은 본래 선한 행위인 의료행위의 업무상 과실치사상죄 성립 검토에 더 타당한[18] 반면, 위험증대설은 음주운전과 같이 목적과 기능이 사회유해적인 일탈행위에 대해서 더 타당하다.

코인거래는 언제나 투자손실의 위험이 상존한다. 양도차익을 올린 매도인의 불공정거래행위는 거짓·부실정보를 창출하여 시장에 퍼뜨림으로써 시장참여인들의 투자실패(손해)를 인과적으로 결정짓는 것은 아니지만, 그 위험을 증가시킨다고는 말할 수 있다. 이때 위험증대율을 어느 정도 요구할 것인가? 가상자산법의 취지나 효율적 시장 가설과 시장사기이론에서 바라보면, 코인 불공정거래행위의 목적과 기능은 사회유해적인 행위라는 점에서, 5% 이상의 위험증대만으로도 객관적 귀속(위험의 결과실현)을 인정할 만할 것이다. 반면에 소음거래자 이론과 시장공정화이론에서 바라보면, 부실정보의 시장공정화기능 때문에 50%

---

16 독일제국법원(RGSt 57, 172)의 대표적인 사건으로 폭풍우가 오는 날 보트운전자가 메멜강을 건너자고 요구한 승객에게 승선의 위험을 말하고 거절하였으나 승객이 계속 간청하여 보트를 몰았지만, 보트가 좌초되어 승객이 사망한 사건에서 승객의 사망을 보트운전자의 위험운전에 귀속시키지 않았다.

17 이에 대해 자세히는 이상돈, 인과성 개념의 비판적 기능, 법학논집 제34집, 1998, 359~403쪽; 치료중단과 형사책임, 법문사 2002, 110~117쪽 참조.

18 의료법분야의 Klaus Ulsenheimer, "Erfolgsrelevante und erfolgsneutrale Pflichtverletungen im Rahmen der Fahrlässingkeitsdelikte", JZ 1969, 364쪽 아래는 이런 입장을 대표한다.

이상의 상당위험증대가 있을 때 비로소 객관적 귀속을 인정하는 것이 적절할 것이다. 그리고 개별 사건에서 불공정거래행위가 일으키는 인지적 오류의 투자실패 위험증대율은 사건의 구체적 사정에 따라 다를 수 있다. 구체적 사건에서 투자실패의 위험증대율을 객관적으로 계산하는 것은 매우 난해한 일이다. 일반적으로 시장에 공개된 투자정보가 많을수록 위험증대율은 낮아지고 투자정보가 적을수록 위험증대율은 높아진다고 말할 수 있다.

여기서는 일단 불공정거래행위의 위험증대율이 5% 이상으로 진단되는 사건들이라고 가정을 해보자. 그러면 동의 있는 타인위태화를 코인투자의 실패로 인한 손해의 귀속문제에 적용할지 여부는 투자자의 내면적 동의 여부에 달려 있게 된다. 이때 동의는 무엇에 대한 것인지가 문제로 등장한다. 첫째, 동의는 투자손실을 입은 매수인이 양도차익을 올린 매도인의 불공정거래행위에 대한 동의가 아니다. 그런 동의를 요구한다면 동의 있는 타인위태화이론은 애당초 적용할 수 없을 것이다. 왜냐하면 코인매수인은, 심지어 소음거래자 이론과 시장공정화이론을 알고 있고 그 타당성에도 동의하는 매수인일지라도, 자신은 불공정거래행위를 해도 다른 코인거래자들은 하지 않아야 한다는 이기심으로 인해 그런 동의를 하지 않을 것이기 때문이다. 둘째, 동의는 손해에 대한 것도 아니다. 매수인이 자신의 손해발생에 절대로 동의하지 않는 현실 때문이기도 하고, 착오의 손해발생은폐기능에서 볼 때 피기망자인 매수인은 손해에 대해 동의할 수 없다는 이론 때문이기도 하다. 바꿔 말해 타인위태화에 대한 동의는 코인매수인이 설령 인지적 오류로써 착오했다고 가정하더라도 여전히 할 수 있는 동의이어야 하는 것이다. 셋째, 타인위태화에 대한 내면적 동의는 손해를 발생시키는 재산의 이전에 대한 동의만으로는 부족하다. 그렇지 않다면 사기죄의 요건인 재산처분은 재산처분의사가 요구되고, 재산처분의사는 재산의 이전에 대한 의사이므로, 재산처분의 요건을 충족하면 자동적으로 '타인위태화'에 대한 동의가 인정되고, 그러면 매수자의 손해는 언제나 매도인의 불공정거래행위에 객관적으로 귀속시킬 수 없게 되기 때문이다.

이처럼 타인위태화에 대한 내면적 동의는 불공정거래행위, 손해(발생), 재산이전에 대한 동의가 아니며, 착오가 있더라도 할 수 있는 동의이어야 한다. 그와 같은 동의는 코인 불공정거래를 하는 타인이 자신에게 손해를 발생시킬 수 있다는 위험을 충분히 인지하였지만 '다른 이익을 향유'하기 위해 그 위험을 인수하는 내면상태일 수밖에 없다. 이를 피해자의 위험인수(Risikoübernahme)라고 개념화할 수 있다.[19] 가령 세월호 사건에서도 사망한 피해자들은 손해발생에 동의한 바가 없을 뿐만 아니라, 세월호의 다양한 위험요인을 충분히 인지한 상태에서 다른 이익인 수학여행을 위해 승선한 것이 아니므로, 피해자의 위험인수 법리를 적용할 수 없다.

이에 비해 실패한 코인투자자들은 세월호 사건의 피해자들과 완전히 다르다. 코인거래시장에 참여하는 사람들은 매우 투기적인 모험거래인이기 때문이다. 기망행위자로부터 대가성의 고수익 보장을 받은 바 없이 코인거래소의 시장에 들어가 투기적인 모험거래를 하는 사람들(사안 ⓐ, ⓒ)은 코인시장참여행위 자체에 의해 이미 고도로 높은 수익을 얻기 위해 고도로 높은 손해위험을 기꺼이 인수하겠다는 의사를 외부에 표현한 것으로 볼 수 있다. 심지어 투자자들은 불공정거래행위가 시장에 난무하고 있고, 그 행위가 창출하는 거짓·부실정보에 의하

19 이 한에서 동의 있는 타인위태화 이론의 배후에는 자기책임원칙이 자리잡고 있다고 볼 수 있다. 같은 취지의 강수경, "동의 있는 타인위태화에 관하여. Zur einverständlichen Fremdgefährdung", 법학연구 제65권 제1호, 2024, 151~176쪽 참조. 강수경은 동의 있는 타인위태화 이론을 과실범에 대해서만 적용한다. 그러나 과실범은 인식 있는 과실을 포함하고, 인식 있는 과실과 미필적 고의의 경계는 언제나 모호성이 있기 때문에 동의 있는 타인위태화이론은 고의범, 적어도 미필적 고의범에 대해서 적용할 수 있다. 코인 불공정거래행위에 의해 수익을 보는 사람과 손실을 입는 사람이 모두 있다는 점에서 그런 행위를 기망행위로 바라볼 때 불공정거래행위자는 기망에 관해 미필적 고의를 갖는 경우로 볼 수 있고, 따라서 동의 있는 타인위태화 이론을 적용할 수 있다.

여 손해위험이 증가될 수 있음을 알면서도, 돈벼락 같은 극강의 고수익을 얻기 위해 그렇게 증가된 손해위험마저 기꺼이 인수하려고 한다. 가령 코인시장참여인들은 코인의 거래가 많아지고 가격이 오르는 '활황'을 맞이하면 세력(예: 현실매매로 코인시세를 조작하는 팀)이 개입하고 있다고 해석하면서도, 그런 세력의 개입을 '활황'의 원동력으로 받아들이고, 고수익을 올릴 수 있는 기회로 삼기도 한다. 이때 권장되는 투자방법이 '세력에 올라타고, 세력과 함께 내려와라!'이다. 즉, 코인시장의 투기적 모험거래인들은 세력이 띠운 활황의 흐름에 같이 올라탔다가(매수) 세력이 이익을 실현하기 위해 대량 매도하기 시작할 때 또는 그 직전에 내려오려고(매도) 한다.

그러므로 그런 매수에 의해 투자손실(손해)이 일어났어도 '내면적 동의가 있는 타인위태화' 또는 '피해자의 위험인수' 이론에 의해 그 손해는 양도차익을 올린 매도인의 불공정거래행위(사안 ⓐ, ⓑ)에 귀속시킬 수가 없다. 이러한 손해(양수차손)의 객관적 귀속불가능성은 불공정거래행위와 손해 및 이득 사이에 인과관계가 없다는 판단이다. 또한 이는 재산상 손해와 재산상 이익이 사기죄의 효력영역(또는 규범영역)의 밖에서 발생한 것이라는 보호목적이론의 판단이기도 하다.

이에 반해 코인폰지사기(사안 ⓓ)나 코인리딩방사기(사안 ⓒ)처럼 대가성 고수익 보장의 말을 믿고 코인을 매수한 투자자들은 손해의 위험을 인수했다고 볼 수 없다. 따라서 손해와 이득은 기망행위에 귀속시킬 수 있다. 물론 폰지사기나 리딩방사기에 참여한 사람들이 더 높은 이윤욕을 갖고 있을 수 있다는 점을 윤리적으로 평가한다면, 사안 ⓒⓓ와 사안 ⓐⓑ 사이의 이와 같은 결론 차이는 상식적으로는 납득하기 어려울 수 있다. 그러나 사기죄의 요건 충족여부는 윤리적 평가와 거리를 두고 심사해야 한다. 특히 코인의 세계에서는 더욱 그러하다. 그러므로 높은 수익률 보장에 대한 신뢰가 투자자들의 노령이나 지식과 경험의 부족 때문이거나, 기망의 특수한 방법으로 인해 투자리딩을 따르는 게 합리적인 투자방법이라는 생각했기 때문이라면 투자자의 신뢰는 아직 보호가치 있다고 보아야 한다. 또한 신뢰의 보호가치성 판단과 손해위험을 인수하지 않으려는 의사는 분리되기 어렵다. 그렇기 때문에 사안 ⓒⓓ에서는 피해자의 손해위험 인수를 인정할 수가 없는 것이다.

사기고의의 법리

사기죄가 성립하려면 주관적 요건으로 사기고의와 불법이득의사가 있어야 한다.

기망과 착오의 요건사실들이 없다면 사기고의도 없다

사기고의(구성요건적 고의)는 사기죄의 객관적 구성요건에 해당하는 사실(기망－착오－재산처분－손해－이득 및 이를 관통하는 인과관계), 즉 기망하여 상대방에게 착오를 일으키고, 그 착오에 기인한 재산처분으로 '직접' 손해를 입히고, 그 손해와 자료가 동일한 재산상의 이익을 얻는다는 사실을 인식하고 그 실현을 의욕하는 것을 말한다. 코인 거래에서 사기고의는 지금까지 논의해 온 사기죄의 18가지 세부요건에 해당하는 요건사실을 인식하고 그 실현을 의욕하는 것이다. 여기서 요건사실은 형법에서는[1] 국가형벌권의 발생근거가 되는 사실들이다. 코인 사기죄의 구체적인 요건사실들로는 다음과 같은 세 가지로 분류할 수 있다.

- **기망의 요건사실** 코인거래행위가 시장 자체에 대해서가 아니라 시장에 참여하는 특정한 사람(들)에게, 가치판단이나 의견이 아니라 객관적으로 증명할 수 있는 '과거나 현재의 거짓사실 또는 진실을 은폐·왜곡하는 사실(허위사실)을, 양심의 가책이나 사려심(Rücksicht) 없이 피해자가 쉽게 발견하기 어려운 술책을 사용하여

1 요건사실은 민사소송법적으로 권리의 발생·장애·소멸근거가 되는 사실을 말한다.

(기망의 신뢰배반성), 고지하거나 고지할 의무를 위반(부작위)하여, 피해자의 의사결정의 자유를 침해한다는 사실

- **착오의 요건사실** 코인투자자(매수인)가 '매매의 성황' 등의 시장이미지(simulacre)나 비도덕적인 '부정한 방법'의 사용으로 영향을 받는 주체적인 인지적 오류(cognitive error)와 같은, 투자결정의 동기형성적 착오(Motivirrtum)를 넘어서, 코인매수의 조건과 내용이 되는 중요한 허위사실을 인식하지 못하고(소극적 착오), 그런 착오가 그들의 과도한 이윤추구욕이나 지나친 경솔함 등의 자기책임 없이 발생한다는 사실(기망과 착오의 인과관계)
- **재산처분, 손해, 이득의 요건사실** 코인투자자(매수인)가 거래의 조건에 관한 착오에 기반한 재산처분(=재산처분에 인과적인 착오)으로, 손해가 발생하게 됨을 알지 못한 채(=착오와 재산처분의 인과관계), 고도의 손해위험을 내면적 동의로 인수함이 없이(=손해의 객관적 귀속가능성), 기망에 의해 의사결정의 자유가 침해된 의사(재산이전의사)로 재산(현금, 코인)을 이전시키는 매수행위(재산이전행위)를 하여, '직접적으로'(=재산처분과 인과관계가 있는) 손해(양수차손)를 입고, 그 손해와 자료가 동일한 이익(양도차익)을 코인매도인에게 발생시킨다는 사실

사기죄의 구성요건적 고의는 내면의식의 상태를 나타내는 성향개념(Dispositionsbegriff)이므로 객관적 구성요건요소들이 모두 충족되지 않아도 주관적으로는 인정될 수 있다. 가령 손해와 이득은 실행행위에 수반되는 결과이므로 손해와 이득이 실제로 발생하지 않은 사건에서도 사기고의가 인정되면 사기미수죄가 성립할 수 있다. 반면에 사기죄는 기망, 착오, 재산처분으로 구성되는 상호작용범죄(Interaktionsdelikt)이므로, 사기고의는 원칙적으로는 이 세 가지 표지의 요건사실이 객관적으로 존재하여야만 인정할 수 있다. 하지만 재산처분은 기술되지 아니한 구성요건요소이면서 "사람을 기망"이 아니라 "재물의 교부를 받거나 재산상의 이익을 취득"이라는 법문언에 내재하는 표지로도 볼 수

있다는 점, 상호작용의 최소단위는 행위자의 기망(행위)과 피해자의 착오(허위사실 불인식)로 볼 수도 있다는 점에서 사기고의는 최소한 기망과 착오의 세부적인 요건사실이 객관적으로 존재하면, 다른 객관적 구성요건요소들이 충족되지 않아도 인정될 수 있다.

예를 들어 사안 ⓒ처럼 리딩방 등을 통해 특정 투자자들에게 코인의 생태계를 조성하는 준비행위조차 하지 않으면서 허위의 사업계획을 고지하고 리딩방의 지시대로 매매를 하면 고수익률(예: 매일 3%)을 보장해주겠다고 한 경우, 사안 ⓑ(의 예탁금편취부분)처럼 거래소가 직접 자신의 트레이딩화면에 가공코인을 띄워 고객의 예탁금을 편취한 경우에는 사기고의가 이미 인정될 수 있다. 이런 사안들이 재산처분, 손해, 이득의 세부요건을 일정 부분[2] 충족하지 못하고, 그 이유가 그 개별사안의 고유한 특성 때문이 아니라 코인유통시장에서 코인매매가 갖는 보편적인 구조적 특성 때문인 경우에는, "대상의 착오로 인하여 결과의 발생이 불가능"(제27조)한 경우에 해당하게 되므로 그 코인거래행위의 위험성 판단에 따라 사기죄의 불능미수(Untauglicher Versuch)가 성립할 수 있다.

더 나아가 상호작용의 시작행위인 기망의 요건사실들이 모두 객관적으로 존재하고, 착오의 요건사실들도 전부는 아니지만, 상당한 정도로 존재하는 경우에는 그 요건사실에 대한 사기고의는 미필적 고의(dolus eventualis)의 형태로 인정할 수 있다. 이에 반해 행위자가 아무리 코인거래로 사기를 쳐서 떼돈을 벌겠다는 생각을 가졌어도 기망의 요건사실이 객관적으로 전혀 존재하지 않는 경우 사기고의의 행위자는 사기죄의 불능미수범(Untauglicher Versuch)조차 될 수 없고, 환각범(Wahndelikt)으로[3] 취급되어야 한다.

---

2 사안 ⓒ는 Epilogue에서 종합 설명하듯이 사기죄의 18가지 세부요건 중 약 80%(14.5/18개)를 충족하고, 사안 ⓑ의 예탁금편취부분은 94%(17/18가지)를 충족하므로, ⓒ의 경우는 불능미수죄를 적용할 만하다.

3 환각범을 뒤집힌 금지착오(법률의 착오)로 바라보고 불능미수와 면밀하게 구분하는

사기고의, 코인 불공정거래행위자에게는 없다

그러면 가상자산법이 정하고 있는 코인 불공정거래행위만 한 사람(사안 ⓐ)에게 사기고의가 인정될 수 있을까?

첫째, 주가조작죄 판단에서 허위표시 여부를 '사업할 의사와 능력이 있었는지 여부'로 판단할 수 없다고 본 판례(大判 2003도686)[4]의 취지에서 보면, 기망과 착오의 요건사실에 해당하는 구체적 사실의 제시 없이, 단편적인 간접사실(예: 사업을 진행하다가 중단한 사정)에 근거하여 '코인플랫폼사업의 의사와 능력이 없었다'는 추상적 판단만으로는 사기죄의 고의를 인정할 수 없다. 둘째, 코인 불공정거래행위는 코인매수자의 주체적인 인지적 오류에 영향을 주는 단지 한 요인이 될 뿐이고, 인지적 오류와 재산처분 사이에 인과관계가 없다는 점에서 기껏해야 동기의 착오를 초래한다고 말할 수 있으며, 코인매수자들의 투기적인 '과도한 이윤추구욕으로 인해 기망과 착오의 인과관계를 인정하기도 어렵다. 이와 같은 착오 표지의 요건사실이 없다는 점에서도 코인 불공정거래죄의 고의는 사기고의가 될 수 없다. 셋째, 코인시장에서 불공정거래행위의 영향을 받아 인지적 오류를 겪는 투자자의 코인매매는 의사결정의 자유가 침해된 의사에 의한 재산처분이 아니며, 인지적 오류가 손해발생을 은폐하지 못한다는 점에서 착오와 재산처분의 인과관계가

Bastian Endrulat, "Der 'umgekehrte Rechtsirrtum': Untauglicher Versuch oder Wahndelikt?, Duncker & Humblot 1994 참조.

4 D캐피탈 대표 A는 H(주)를 차명으로 55억 원에 인수하고 실제로 할 의사와 능력이 없이 정보통신·인터넷 사업을 정관에 추가하고 공시하였다. 당시 주식시장은 A&D(인수 후 개발)가 테마였고 정보통신관련사업체에 대한 관심이 높았다. A는 일간지에도 기사를 내어 H회사가 A&D를 본격화하고 향후 지속적인 투자가 진행될 것처럼 오해하게 만들었다. 언론보도 후 H(주) 주가가 이틀 연속 상한가를 기록하자 전량 매도 30억 원의 이익을 얻었다. 대법원은 "허위사실을 유포하거나 허위의 표시를 하였는지 여부는 공시내용 자체가 허위인지 여부에 의하여 판단하여야 할 것이지 A가 실제로 정보통신관련 등 사업에 투자를 할 의사와 능력이 있었는지 여부에 의하여 판단할 것은 아니라고 할 것인바…위 사실을 공시하거나 기사화한 것이 허위사실을 유포하거나 허위의 표시를 한 것으로 볼 수는 없다"고 판시하였다(大判 2003도686).

없고, 손해와 이득을 '직접' 발생시키는 것이 아니라 코인거래소의 미분화된 다기능을 통해서 간접적으로 발생시킨다는 점에서 재산처분과 손해 및 이득의 인과관계가 없다. 넷째, 코인매매는 손해의 위험을 자발적으로 인수하는 내면적 동의의사와 함께 이루어진다는 점에서 그 결과인 투자손해(양수차손)를 코인 불공정거래행위에 귀속시킬 수도 없다.

이상과 같이 손해 및 이득의 요건사실조차 존재하지 않지만, 사기고의의 인정을 위해 반드시 존재해야 하는 '기망 → 착오 → 재산처분'이라는 인과관계가 관통하는 순차적인 요건사실들은 코인거래소 유통시장에서 이루어지는 코인 불공정거래행위에는 현실적으로 존재할 수 없다. 따라서 코인유통시장에서 코인 불공정거래행위를 고의로 하는 자에게는 사기죄의 요건사실에 대한 인식이 없으며, 사기고의도 인정할 수 없다.

불공정거래의사는 불법이득의사가 아니라 부당이득의사이다

사기죄가 성립하려면 주관적 요건으로 사기고의가 있고[5] 불법이득의사(rechtswidrige Bereicherungsabsicht)도 있어야 한다. 이때 불법이득의사는 특수한 주관적 요건(고의)이지만, 제347조 제1항에는 "재산상 이익을 취득"이라는 문언이 있으므로 고의를 초과하는 '초과주관적' 요소가 아니라 고의의 특수한 내용이 된다. 반면 시장사기인 코인 불공

---

5 불법이득의사는 민법상 불법행위나 저작권침해의 고의에는 요구되지 않는다. 가령 저작권침해에 대한 인식과 의욕만으로 저작권침해죄(저작권법 제136조 제1항)의 고의가 인정된다. 미국의 저작권침해죄(§506 (a) (1) (A))는 저작권침해죄의 고의로 저작권 침해를 넘어 "상업적 이익이나 개인의 금전적인 이득을 위한 경우"(for purposes of commercial advantage or private financial gain)일 것을 요구한다. 이런 불법이득의사는 첫째, 사기죄의 불법이득의사의 사회유해성보다 매우 약하고, 둘째 저작재산권 침해의 손해로부터 금전적 이득을 얻으려는 직접적 이득의사가 없다는 점에서 매우 약한 불법이득의사이다. 가령 남의 건축저작물을 베껴 설계한 건축설계사는 타인의 권리를 침해하지만 사회에 아름다운 공간을 만들어주는 기여를 한다는 점에서 사회유해적 의사가 매우 약하며, 건축저작권침해의 손해를 원천으로 직접 재산상 이익을 얻는 것이 아니라 건축주로부터 수임료를 받는다는 점에서 직접적 이득의사도 없다.

정거래죄(시세조종죄)의 특수한 주관적 요건은 불법이득의사가 아니라 부당이득의사이다. 아래에서는 고의의 특수한 내용을 불법이득의사, 미필적 불법이득의사, 부당이득의사로 구분하고, 각 요소의 특징과 구조적 차이를 논의한다.

도표 9는 이하의 논의 내용을 먼저 명확하게 보여준다.

도표 9.

주관적 구성요건	사회유해적 의사	권리침해 의사	직접적 이득의사	예시 사안
불법이득의사 (사기죄)	○	○	○	사안 ⓓ 폰지사기 사안 ⓑ의 예탁금 부분
미필적 불법이득의사	○	×	○	사안 ⓑ의 수수료 부분
	○	○	×	사안 ⓒ
부당이득의사 (불공정거래죄)	○	×	×	사안 ⓐ 사안 ⓑ의 양도차익 부분

첫째, 사기죄에서 불법이득의사는 반도덕적 행위양태인 기망을 사용함으로써 형사불법의 실질인 사회유해성을 띠는 사회유해적 의사일 뿐만 아니라, 특정한 사람(피해자)이 착오로 자신에게 재산감소를 가져오는 처분을 하게 하는 점에서 권리(재산권)침해의사이며, 그 처분으로부터 '직접적으로' 발생하는 손해와 '자료가 동일한 이익'을 얻으려는 직접적 이득의사다. 이처럼 사회유해적 의사, 권리침해의사, 직접적 이득의사는 사기죄의 불법이득의사의 구성요소가 된다. 이러한 불법이득의사를 인정할 수 있는 사안으로 코인 발행을 하면서 폰지판매 또는 다단계 판매의 방식으로 고수익을 보장하면서 투자자를 모집하여 코인을 판매하는 행위(사안 ⓓ)나 거래소가 가공코인을 상장 거래하면서 받은 고객의 예탁금을 무단으로 인출하여 사용하는 행위(사안 ⓑ)를 들 수 있다.

둘째, 불공정거래죄의 부당이득의사는 사기죄의 불법이득의사보다

완화된 주관적 요건이다. 부당이득의사는 먼저 불법이득의사와 마찬가지로 사회유해적이며 실정법에 위반하는 위법한 방법으로 재산상 이익을 얻으려는 사회유해적 의사이다. 가령 사안 ⓐ에서 코인플랫폼사업에 참여하지 않은 사람을 CTO로 기재한 백서를 코인거래소에 제출하여 Po코인을 상장한 후 Po코인의 거래로 재산상의 이익을 얻은 행위는 가상자산법의 문언상으로는 불공정거래죄(제19조 제1항 제4호)에 해당할 수 있다. 이런 불공정거래를 통해 "재산상 이익을 얻고자 하는"(제10조 제4항 제2호) 의사는 사회유해적 행위이며 실정법에 위반하는 위법한 행위를 하는 의사이다.[6] 하지만 이 부당이득의사는 무수히 많은 불특정 투자자의 인지적 오류를 활용하려는 의사일 뿐, 특정 투자자 개인의 재산(권)을 침해한다는 의미의 권리침해의사가 아니며, 투자자의 재산처분으로부터 직접적으로 발생하는 손해와 자료가 동일한 이익을 얻으려는 직접적 이득의사도 아니다. 그렇기 때문에 코인불공정거래죄의 고의의 내용을 이루는 부당이득의사는, 설령 불법이득의사라고 부르더라도 사기죄의 불법이득의사와 동일한 내용의 주관적 요건이 될 수 없다. 게다가 부당이득의사는 실무적으로도 불공정거래행위를 하면 사실상 추정된다. 이렇듯 불공정거래행위죄는 주관적 요건에서도 사기죄가 갖는 형사불법의 실질을 온전하게 갖춘 범죄가 될 수 없다. 이와 같은 의미의 부당이득의사만 인정될 수 있는 사안으로는 가상자산법이 금지하는 불공정거래행위만을 한 경우(사안 ⓐ)와 거래소가 가공코인을 상장하고 불공정거래행위를 하여 얻은 이익 중 양도차익을 얻은 부분(사안 ⓑ)을 들 수 있다.

셋째, 사기죄의 불법이득의사와 불공정거래죄의 부당이득의사 사이에 미필적 불법이득의사가 존재할 수 있다. 미필적 불법이득의사란 사

---

6 불공정거래행위죄(가상자산법 제19조) 가운데 "재산상 이익을 얻고자 하는 행위"의 문언이 있는 경우(예: 제10조 제4항 제2호)에 부당이득의사는 불공정거래행위죄의 고의가 되지만 그런 문언이 없는 경우에도 불공정거래행위죄가 성립하려면 초과주관적 요소로서 부당이득의사가 있어야 한다.

회유해적 의사는 있지만 권리침해의사와 직접적 이득의사 중 어느 하나가 결여되어 있는 경우로서 재산증가(이득)에 대한 의사는 확정적인 반면, 재산상 이득은 불확실하지만 위법할 수도 있다는 점을 용인하는 의사를 말한다.[7]

가령 사안 ⓑ에서 가공코인을 상장하여 거래시킨(이로써 사회유해적 의사 인정됨) 코인거래소가 취득한 거래수수료는 기망과 인과적으로 단절된 채 투자자들이 수익을 위해 지불하는 코인매매의 거래비용이라는 점에서 거래소(대표 A)는 그들의 인지적 오류를 활용하려는 의사만 있을 뿐 특정 개인의 재산을 침해한다는 의미의 권리침해의사가 없다. 하지만 거래수수료는 투자자의 계정에서 차감한 금액을 거래소가 취득하는 것이므로 그 이득은 투자자의 재산감소로부터 직접 얻은 이득이라는 점에서 직접적 이득의사를 인정할 수 있다. 이를 종합하여 거래수수료에 관한 고의는 미필적 불법이득의사의 형태로 인정할 수 있다.

또한 사안 ⓒ에서 리딩방에서 대가성 고수익을 보장하고 허위사실을 고지하여(이로써 사회유해적 의사 인정됨), 투자자들의 재산에 관한 의사결정의 자유를 침해하고 종국에는 손해(투자손실)로 이어질 그들의 코인거래와 투자손실을 레버리지로 삼으면서[8] 양도차익을 얻으려 한다는 점에서 리딩방 운영자의 의사는 권리침해의사로 볼 수 있지만, 손해(양수차손)와 이득(양도차익)의 직접성이 결여되어 있다는 점에서 직접적 이득의사로 보기 어렵다. 이를 종합하면 역시 미필적인 불법이득의사를 인정할 수 있다.

---

7 독일의 통설(Kindhäuser, Nomoskommentar StGB, Band 2, §263, Rdnr. 371 참조)과 연방법원 판례(대표적으로 BGHSt 31, 178, 181; 42, 273; RGSt 55, 257 참조)는 의도(Absicht), 직접적 재산이득, 재산이득의 위법성을 불법이득의사의 구성요소로 보면서, 의도로는 최종적인 재산증가의 의사(finale Erfolgswille)가 있어야만 하지만, 재산이득의 위법성에 대해서는 미필적 고의(dolus eventualis)로도 충분하다고 본다.

8 사안 ⓒ에서 객관적으로는 손해와 이득의 자료동일성이 없다. 하지만 리딩방 운영자는 자신의 지시에 따른 투자자들의 코인거래와 그로 인해 입는 손해를 자신의 양도차익의 원천으로 삼는 '의도'를 갖고 있다. 그런 의도 안에서 손해와 이득의 자료는 동질한 것이다(손해와 이득의 주관적인 자료동일성).

Epilogue

지금까지 이 책은 사기죄(형법 제347조)의 불법을 18가지(①~⑱)의 세부요건으로 구분하여 분석하고, 이를 통해 사기죄의 불법과 코인 불공정거래죄의 불법이 현저하게 다른 구조와 요건으로 짜여 있음을 보여주었다. 이를 면밀하게 이해한다면 코인거래소의 '생성 중'인 코인유통시장에서 일어나는 코인 불공정거래행위만으로는 사기죄의 18가지 세부요건을 모두 충족할 수 없음을 알 수 있다. 하지만 코인 불공정거래죄와 사기죄는 언제나 완전히 분리되고 서로 무관하게 독립된 규범영역을 갖고 있는 것이 아니다. 도표 10은 이 점을 보여준다.

도표 10.

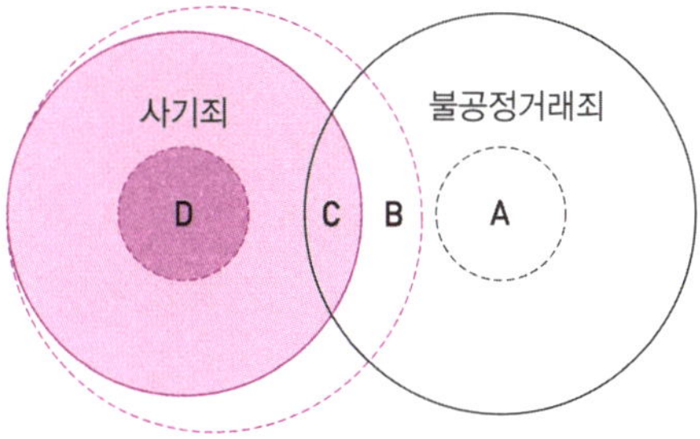

두 죄의 규범영역 사이의 교차관계는 네 가지 영역으로 나타낼 수 있다. 즉 불공정거래죄의 핵심적인 규범영역 A, 사기죄의 불법요소를 일부 갖고 있는 불공정거래죄의 주변영역 B, 불공정거래죄의 불법요소를 일부 갖고 있는 사기죄의 주변영역 C, 그리고 사기죄의 핵심적인 규범영역 D로 구분하여 설명할 수 있다. 일반인이 보기에 사기적인 성격을 지닌 코인거래행위들은 이 영역들 중 어딘가에 위치한다. 가령 이 책에서 분석해온 사안 ⓐ, ⓑ, ⓒ, ⓓ는 각각 규범영역 A, B, C, D에 위치한다. 아래에서는 각 사안이 사기죄의 18가지 세부요건을 충족시키는 비율을 계산해내어 이 점을 확인해본다. 아울러 그 과정에서 각 사안의 사기죄 요건에 대한 충족과 불충족의 요점도 함께 정리한다.

규범영역 A에 속하는 사안

전형적인 코인 불공정거래행위에 가까운 경우의 예로 사안 ⓐ를 들 수 있다.

사안 ⓐ: A는 2020. 12. Po코인을 10억 개 발행하여 BTC를 리워드로 지급하는 코인플랫폼사업을 할 회사의 대표 B에게 1억원 상당의 USDT를 지급하고, B는 A와 협의하여 2021. 2. Po코인을 거래소에 상장하면서 백서에 플랫폼 사업 계획을 기재하였고, 실제로 사업에 참여하지 않은 지인을 CTO로 기재하였다. A는 자전거래, 통정거래 등을 반복하는 조직을 운영하여 시장조성과 시세조작을 한 후 2021. 2.~3. 총발행량의 55%를 코인당 53원에 매도하였다. 2021. 10. A는 USDT 20만개를 UYS캐피탈의 지갑에 입고하고 UYS는 곧바로 USDT를 코인사업회사의 지갑으로 전량 출고하고, 2억개의 Po코인을 입고 받고 곧바로 전량 A의 지갑으로 출고하였으며, 코인사업회사는 USDT를 A의 지갑으로 전량 출고하고 A로부터 Po코인을 전량 입고받았다. A는 B로 하여금 2021. 7. (4천만원의 외주로) 플랫폼 앱을 개발하게 하고, 직원수를 (2명에서 10명으로) 부풀린 자료를 거래소에 제출하였으며, 2021. 10. UYS의 투자 유치 등으로 플랫폼사업이 정상적으로 진행되고 있다는 내용을 잿글에 게시하였다. 2022. 3.~4. A는 남은 코인 전량을 코인당 4원에 매도하였다. B는 2022. 4. A에게서 이익을 배당받은 후 플랫폼사업을 중단하였고, Po코인은 2022. 7. 상장 폐지되었으며, 2022. 10. 코인사업회사도 폐업하였다.

사안 ⓐ에 대해 사기죄의 세부요건 충족여부를 판단해보자.

첫째, 코인플랫폼사업 CTO의 허위기재와 코인사업현황의 과장된 설명은 기망 표지 가운데 '사실' 요소(⑦ 충족)와 '허위' 요소(⑥ 충족)를 충족한다.[1]

둘째, 이에 반해 UYS 투자유치 공지는 부정한 기교일 뿐 양심을 저버린 술책의 사용이 아닌 점(④ 불충족), CTO 기재의 허위내용이나 코인사업현황의 과장된 설명은 의사형성요소가 아니면서(⑤ 불충족), 특정한 개인(집단)이 아니라(③ 불충족),[2] 시장에만 알려진 점(⑧ 불충족)에서 사람과 기망의 표지를 완전하게 충족하지 못한다. 또한 피해투자자는 과도한 이윤추구욕으로 자기책임이 있는 점(⑨ 불충족), 피해투자자는 매매의 조건이 아닌(⑩ 불충족) 허위정보(예: 백서의 CTO 인물, 플랫폼사업의 과장된 현황설명)의 영향 속에서 인지적 오류를 겪었을(⑪ 불충족) 뿐인 점에서 착오의 표지를 전혀 충족하지 못한다. 그리고 그와 같은 인지적 오류를 겪었어도 피해투자자는 코인매매로 손해위험을 인식하는 점(⑫ 불충족), 코인매수 당시의 인지적 오류로는 의사결정의 자유가 침해되지 않으므로 재산처분의사가 인정되지 않는 점(⑭ 불충족), 거래소의 미분화된 다기능으로 투자자(매수자)는 불공정거래행위자와 아무런 계약관계가 없고, 거래소에 대해 청구권만을 가지며, 불공정거래자의 양도차익과 피해투자자의 양수차손에는 시차가 있고, 그 시차에 수많은 경쟁매매가 개입한다는 점(⑬[재산처분과 손해의 인과관계])에서 재산처분의 표지를 모두 충족하지 못한다. 그 밖에 피해투자자는 투기적 모험거래로 손해위험을 내면적으로 동의하고 있고, 손해의 위

1 사업현황의 과장된 설명은 가치판단, 의견표명으로 볼 수도 있고, 그 경우에는 사실에 대한 것이 아니다. 또한 자전거래, 통정매매, 시세조작거래는 매매의 성황이라는 시장이미지(simulacre)를 창출하고, 이는 진위의 구별이 없는 것이므로 허위사실에 해당하지 않는다.

2 만일 사안 ⓐ에서 A가 리딩방 조직을 별도로 운영으로 코인에 관한 거짓·부실정보(예: 고수익 전망)를 대가요구 없이 그 리딩방에 들어온 투자자들에게 알려주었다면 사기죄의 "사람을" 표지는 충족할 수 있다.

험을 인수하지 않았다고 볼 특별한 사정(예: 대가성 고수익 보장)이 없는 점(⑮ 불충족), 기망의 표지도 충족하지 못하는 불공정거래행위로는 투자자의 양수차손(의 성격)을 투자실패로부터 사기죄의 재산상 손해로 변화시킬 수 없고(⑯ 불충족), 불공정거래행위자의 양도차익(의 성격)을 투자성공으로부터 사기죄의 재산상 이익으로 변화시킬 없는(⑱ 불충족) 점, 그리고 그러한 양수차손과 양도차익은 설령 재산상의 손해와 이득으로 보더라도 그 둘의 시차에 수많은 경쟁매매가 개입하여 자료의 동일성이 없는 점(⑰ 불충족) 점에서 손해와 이득의 표지를 모두 충족하지 못한다.

셋째, 이처럼 기망의 표지부터 완전히 충족하지 못하는 이 사안의 불공정행위로는 행위자 A에게 사기죄의 구성요건적 고의를 인정할 수 없고(① 불충족), 불법이득의사도 인정할 수 없다(② 불충족).

규범영역 B에 속하는 사안

사기죄의 불법요소를 일부 갖고 있지만 불공정거래죄에 가깝다고 볼 수 있는 경우의 예로 사안 ⓑ와 같은 거래소의 가공코인거래사건을 들 수 있다.

> **사안 ⓑ**: C코인거래소의 대표 A는 2018. 1. 차명계정(봇계정)을 여러 개 만들어 실제 보유하지 않은 가상자산과 원화를 보유하고 있는 것처럼 자산보유량 포인트 정보를 거짓으로 입력하고 일반 고객에게 그 가공코인을 매도하면서, 가장매매나 자전거래를 하여 거래 주문량과 체결량을 부풀리고 매매의 성황을 이루게 하는 방법으로 양도차익을 올렸고, 이를 모르고 거래하는 이용자들로부터 거래수수료를 취득하였으며 예탁금의 일부를 무단 인출하여 사용하였다.

사안 ⓑ에서 거래소가 가공코인을 상장하고 불공정거래행위를 하여 양도차익을 올린 부분을 판단한다.

첫째, 기망 표지의 세부요건들을 모두 충족한다(③~⑧ 충족). 또한 투자자의 양수차손이나 거래소의 양도차익이 기망의 표지를 모두 충족하는 거래소의 정보적 지배관리영역 안에서 일어났다는 점에서 투자자의 양수차손은 재산상 손해로(⑯ 충족), 거래소의 양도차손은 재산상 이익 취득으로(⑱ 충족) 볼 수 있다.

둘째, 이에 반해 화면을 본 수 많은 투자자가 거래소가 창출하는 트레이딩화면상의 정보를 경솔하게 신뢰하여 자기책임이 있는(⑨ 불충족) 착오에 빠진 점, 매수의사결정은 주체적 인지에 기반한 것이므로 가공코인의 착오는 단지 동기형성요소의 하나로 평가할 수 있는 점(⑩ 불충족), 착오의 실질이 다른 투자정보들이 함께 영향을 준 인지적 오류인 점(⑪ 불충족), 투기성거래로 인한 손해위험을 인식한 점(⑫ 불충족), 투자자의 매수주문은 코인거래소의 미분화된 다기능이 개입하여 체결된 매매를 통해 양도차손(손해)으로 이어질 수 있으므로 재산처분에 의한 손해의 직접성이 없는 점(⑬[재산처분과 손해의 인과관계] 불충족), 투자자가 불공정거래행위의 영향으로 겪는 인지적 오류로는 의사결정의 자유가 침해되지 않으므로 의사결정의 자유가 침해된 재산처분의사를 인정할 수 없는 점(⑭ 불충족), 투자자가 투기적 모험거래로 인해 손해위험을 내면적 동의로 인수하고 있고, 손해의 위험을 인수하지 않았다고 볼 특별한 사정(예: 대가성 고수익 보장)도 없는 점(⑮ 불충족), 거래소의 양도차익과 투자자의 양수차손의 시차에 수많은 매매가 이루어지므로 손해와 이득의 자료동일성이 없는 점(⑰ 불충족)에서 사기죄의 객관적 세부요건을 충족하지 못한다.

셋째, 양도차익을 올린 거래소(대표 A)의 불공정거래행위는 기망 표지는 완전하게 충족하지만 착오 표지의 요건들은 모두 충족하지 못하므로, 상호작용범죄인 사기죄의 구성요건적 고의를 인정할 수 없다(① 불충족). 또한 거래소가 자신의 정보적 지배영역에서 투자가가 양수차손을 입고(⑯ 충족) 본인이 양도차익을 취득(⑱ 충족)하기는 했지만, 투자자는 단지 인지적 오류 속에서 고수익을 위한 코인매매를 했을 뿐이므로 권리침해의사나 직접적 이득의사가 모두 인정될 수 없고, 따라서 불법이득의사와 미필적 불법이득의사 모두 인정하기 어렵다.

사안 ⓑ에서 거래소(대표 A)가 가공코인의 상장과 투자자들의 거래로 수수료를 얻은 부분을 판단해보자.

첫째, 기망 표지의 세부요건(④~⑧)을 모두 충족하고, 가공코인인 줄 모르고(⑪ 충족) 거래를 함으로써 그에 대한 수수료를 납입하는 것은 (가공코인이 아니라는) 조건에 관한 착오(재산처분에 인과적인 착오)에 기반한 것이다(⑩ 충족). 또한 수수료는 투자자의 매매로부터 '직접' 발생하는 투자자의 재산감소, 즉 손해이고(⑬ 충족), 이 손해는 거래소의 재산증가로 이어지므로 손해와 이득의 자료동일성도 인정된다(⑰ 충족).

둘째, 이에 반해 가공코인을 거래할 때 투자자는 고수익 보장과 같은 말에 속은 것이 아니고, 과도한 수익욕으로 투기적 모험거래를 한 것이므로 자기책임이 있는 점(⑨ 불충족), 투자실패(손해위험)의 가능성을 인식하면서(⑫ 불충족) 거래한 점, 거래수수료의 자동납부는 투자자의 투자수익을 위한 거래비용 지불의사에 따른 것이지, 의사결정의 자유가 침해된 재산처분 의사에 따른 것이 아닌 점(⑭ 불충족). 손해위험의 인수의사를 탈락시킬만한 요소(예: 고수익 보장)가 없으므로 투자자들은 손해위험을 인수했다고 볼 수 있는 점(⑮ 불충족)에서 사기죄의 객관적 세부요건을 충족하지 못한다.

셋째, 구성요건적 고의는 기망 표지의 세부요건을 모두 충족하지만 착오 표지의 세부요건 중 피해자의 보호가치 있는 신뢰의 요건을 충족하지 못한 점(⑨ 불충족)을 고려할 때 '미필적 고의'만을 인정할 수 있다. 불법이득의사는 투자자가 낸 수수료로 직접 이익을 취득하는 점에서 직접적 이득의사가 있지만, 투자자가 매매거래비용으로 인식하는 수수료를 취득하는 점에서 권리침해의사가 없음을 고려할 때 '미필적 불법이득의사'만을 인정할 수 있다.

사안 ⓑ에서 예탁금 무단 인출·사용 부분을 판단한다. 거래소(대표 A)가 처음부터 고객의 예탁금을 편취하겠다는 의사로 가공코인을 상장시켜 투자자가 현금을 입금하자 예탁금을 인출해 쓴 경우에는 기망, 착오, 재산처분(의사와 행위), 손해와 이득의 표지들이 거의 대부분 예탁금 입금과 동시에 충족된다.[3] 다만 손해위험의 인수의사를 탈락시킬 만한 요소(예: 대가성 고수익 보장)가 없었으므로 거래소의 코인유통시장에 참여하는 다른 투자자들처럼 손해위험을 인수했다고 보아, 한 개의 요건을 충족하지 못한다(⑮ 불충족). 또한 투자자가 가공코인과 거래소 내의 다른 코인을 매매하고 남은 예탁금 잔액을 거래소(대표 A)가 뒤늦게 편취의사로 인출하여 사용하는 경우에도 사기죄가 성립한다.

규범영역 C에 속하는 사안

불공정거래죄의 불법요소를 일부 갖고 있지만 사기죄에 가까운 경우의 예로 사안 ⓒ와 같이 대가를 요구하면서 고수익을 보장하는 리딩방사기사건을 들 수 있다.

사안 ⓒ: A는 비공개 리딩방을 운영하면서 높은 수익(매일 3%)을 보장하고 리딩방에 참여한 투자자들에게 Pf코인에 대해 지속적으로 매도·매수 지시를 게시하였다. 투자자들은 A의 지시에 따른 매도·매수 내역을 공개 인증하면서 매수량의 75%까지만 매도하고, 25%는 보유하는 의무를 부담하였다. A는 투자자가 이 의무를 위반할 경우에 리딩방에서 탈퇴시켰다. A는 Pf코인을 상장한 후 전체 거

---

3 이 사안의 모델이 된 실제사건에 대한 판결로 서울고등법원 2019. 7. 23. 선고 2019노396 판결과 이 판결을 확정시킨 大判 2019도11294 참조. 이 전원합의체 판결은 거래시스템에 허위정보를 입력한 행위가 제232조의2(사전자기록등위작죄)의 위작에 해당한다고 보았다. 또 다른 가공코인사건에서 매매가 체결된 시점에 사기죄의 기수를 인정한 서울남부지법 2019. 11. 17. 선고 2018고합249 판결과 이 판결을 확정시킨 大判 2020도10533 참조.

래량의 84% 이상을 거래하였고, 어느 날 매수 추천을 한 직후 코인이 가격고점에 이르자 대량 매도하였다. 그로써 코인의 가격은 610원에서 100원으로 급락하였다.[4]

첫째, 리딩방의 특정한 투자자들에게(③ 충족) 고수익을 보장하겠다는 말을 하고 이를 지키지 않은 것은 기망의 모든 요소(④~⑧)를 충족한다. 투자자는 지속적인 기망에 의한 착오로 인해 코인매매(재산처분)를 반복하였으므로 착오의 표지(⑨~⑪)도 모두 충족한다. 특히 투자자가 과도한 수익욕구로 경솔하게 신뢰를 하였지만, 기망의 교활한 방법이 투자 리딩을 따르는 것이 합리적인 투자라고 믿게 만들었다면 그 착오는 여전히 보호할 가치가 있다(⑨[기망과 착오의 인과성] 충족). 투자자들은 고수익 보장에 대한 대가성(조건성)의 매수를 한 것이므로 동기의 착오가 아니라 재산처분에 인과적인 착오를 인정할 수 있다(⑩[착오와 재산처분의 인과성] 충족). 또한 리딩방 투자자들은 리딩방의 거짓된 고수익 보장으로 의사결정의 자유가 침해된 의사로써(⑭[재산처분의사] 충족) 대가성의 매수를 하여 양수차손을 입었지만(⑯ 충족), 그런 양수차손의 위험을 인수했던 것이 아니며(⑮ 충족), 리딩방 운영자의 양도차익은 리딩방 투자자들의 그와 같은 대가성 매수에 힘입은 것이다(⑱ 충족).

둘째, 이에 반해 투자자들은 투기성거래로 인한 손해의 위험을 인식했거나 할 수 있었던 점(⑫[착오의 손해발생은폐] 불충족), 코인거래소의 다기능이 거래과정에 개입함으로써 재산처분에 의한 손해발생의 직접성이 인정되지 않는 점(⑬[재산처분과 손해의 인과성] 불충족), 양도차익과 양수차손의 시차에 수많은 매매가 이루어지므로 손해와 이득의 자료동일성이 없는 점(⑰ 불충족)에서 손해와 이득의 세부요건은 상당히 충족하지 못한다.

셋째, 구성요건적 고의는 이 사안에서 기망과 착오의 세부 요건사

4 이 사안의 모델이 된 실제사건에 대한 판결로 서울중앙지방법원 2022. 11. 17. 선고 2022고합403 판결; 大判 2023도7157 참조.

실들(③~⑪ 충족)이 존재하고 그에 대한 인식과 실현의사가 있으므로 인정할 수 있다(① 충족). A는 리딩방 투자자들의 재산적 의사결정의 자유를 침해하고(사회유해적 의사), 종국에는 손해로 이어질 그들의 투자(금)를 레버리지로 삼아 양도차익을 얻은 것이지만(권리침해의사), 손해와 이득의 직접성이 결여된 점(직접적 이득의사 없음)을 고려할 때 미필적 불법이득의사만 인정할 수 있다(② 불완전 충족).

규범영역 D에 속하는 사안

코인 불공정거래행위와 정반대로 사기죄의 불법을 완전하게 갖춘 경우의 예로 사안 ⓓ와 같은 폰지사기나 다단계판매형태의 코인사기사건을 들 수 있다.

사안 ⓓ: A는 코인을 발행하였지만 아직 거래소에 상장하지 않은 상태에서 지속 불가능한 코인플랫폼사업의 계획을 달성 가능한 것으로 설명하고 높은 수익을 보장하면서 다른 신규투자자(또는 하위판매자)를 계속 모집하여 받은 투자금으로 기존 투자자(또는 상위판매자)에게 수익(수당, 이자)을 지급하는 폰지(ponzi) 방식으로 코인을 판매하였다.

코인으로 이익을 창출한다고 해놓고, 신규투자자(또는 다단계판매의 하위판매자)의 돈으로 기존 투자자(또는 다단계판매의 상위판매자)에게 보장한 수익(이자, 수당)을 지급하는 폰지코인판매는 투자자(또는 하위판매자)에게 수익의 원천과 지속가능성을 속이는 기망행위이며, 그로 인한 착오 상태에서 하는 투자 행위는 신규투자자나 하위판매자 모집이 중단되면 필연적으로 손해로 귀결되고, 이 과정에서 코인 판매자들은 그 손해와 자료가 동일한 이익을 취득하게 된다. 이로써 사기죄의 모든 세부요건(①~⑱)을 충족한다. 특히 언급할 점으로 투자자들의 투기적 수익욕망이 높음에도 불구하고, 폰지코인판매의 피해투자자들은 대체로 고령이거나 지식과 경험이 부족한 사람들, 혹은 퇴직 등으로 인해 위기의식에 빠져 있는 사람들로서 자기책임을 인정하기 어렵고, 그들의 경솔한 신뢰도 여전히 보호할 가치가 있다는 점이다(⑨ 충족).

도표 11은 이상의 분석과 판단의 결과를 종합해 보여준다. 사안 ⓐ, ⓑ, ⓒ, ⓓ는 그 모델이 된 실제사건의 구체적인 사실관계와 차이가 있으므로 도표 11이 보여주는 판단은 그 실제사건에 대한 결론이 아님에 주의를 요한다.

도표 11.

		사기죄의 세부요건	ⓓ	ⓑ	ⓒ	ⓑ		ⓐ
				예탁금		수수료	양도차익	
고의	①	구성요건 고의와	○	○	○	△	×	×
	②	불법이득의사로	○	○	△	△	×	×
사람	③	특정한 개인(들)에게	○	○	○	○	○	×
기망	④	양심을 저버린 술책으로써	○	○	○	○	○	×
	⑤	중요한	○	○	○	○	○	×
	⑥	허위의	○	○	○	○	○	○
	⑦	사실을	○	○	○	○	○	○
	⑧	고지하여	○	○	○	○	○	×
착오	⑨	피기망자가 자기책임 없이	○	○	○	×	×	×
	⑩	거래의 조건이 되는	○	○	○	○	×	×
	⑪	허위사실을 불인식함으로써	○	○	○	○	×	×
재산처분	⑫	인식하지 못한	○	○	×	×	×	×
	⑬	손해를 '직접' 초래하는	○	○	×	○	×	×
	⑭	재산이전 행위를 재산이전의 의사로 하여	○	○	○	×	×	×
손해	⑮	손해 위험을 인수하지 않은	○	×	○	×	×	×
	⑯	피해자가 손해를 입고	○	○	○	○	○	×
재산이득	⑰	그 손해와 자료가 동일한	○	○	×	○	×	×
	⑱	재산이익을 가해자가 취득	○	○	○	○	○	×
사기죄 세부요건의 충족 점수와 충족률			18	17	14.5	13	8	2
			100%	94%	80%	72%	44%	11%

(배점 ○＝1, △＝0.5, ×＝0)

사안 ⓐ는 사기죄의 18가지 세부요건을 약 11%(=2/18) 충족한다. 이런 행위에 사기죄를 적용하는 것은 명백하게 유추적용이며[5] 유추금지원칙를 중대하게 위반하는 것이다.

사안 ⓑ에서 양도차익 부분은 약 44%(=8/18)를 충족시킬 수 있을 뿐이며, 이에 대해 사기죄를 적용하는 것은 유추적용에 근접한 확장해석으로 볼 수 있다. 거래수수료 취득 부분은 약 72%(=13/18)를 충족하며, 이에 대해 사기죄를 적용하는 것은 확장해석(extensive Auslegung)으로 볼 수 있다. 고객 예탁금편취 부분은 약 94%(=17/18)를 충족하며, 이에 대해 사기죄를 적용하는 것은 납득할 만하다.

사안 ⓒ는 사기죄의 18가지 세부요건을 약 80%(=14.5/18)를 충족한다. 이에 대해 사기죄를 적용하는 것은 전형적인 확장해석에 해당한다.

사안 ⓓ는 사기죄의 18가지 세부요건을 100%(=18/18) 충족하며, 전형적인 사기죄의 모습을 보여준다.

---

5 유추에 대한 판단은 "법규정의 가능한 의미"(大決 94모32)를 넘어섰는지에 대한 판단이 아니라 다양한 법방법의 세밀하고 종합적인 해석에 의한 추론적 판단이다. 이런 유추이론으로 이상돈, 법이론. 법인식의 사회적 지평과 근대성, 박영사 1996; 법의 깊이, 법문사 2018, [02](법과 방법) 참조.

사항색인

ㄱ

ㅇ

코인 사기죄의 법이론

2026년 1월 10일 초판 인쇄
2026년 1월 15일 초판 1쇄 발행

저 자 이 상 돈
발행인 배 효 선

발행처 도서출판 法 文 社

주 소 10881 경기도 파주시 회동길 37-29
등 록 1957년 12월 12일/제2-76호(윤)
전 화 (031)955-6500~6 FAX (031)955-6525
E-mail (영업) bms@bobmunsa.co.kr
(편집) edit66@bobmunsa.co.kr
홈페이지 http://www.bobmunsa.co.kr

조 판 법 문 사 전 산 실

정가 20,000원 ISBN 978-89-18-91656-9